Tobias Röckl & Synthia Demetriou

10.000 Schritte in München

Zum Gehen verführt

Mit Fotos von Sabine Mader,
Ulrike Schmid
und Tobias Röckl

KNEIPP
VERLAG WIEN

Von Aussichtsreich bis Wildwestlich. 15-mal zum Gehen verführt. Jedes Mal ein Erlebnis.

Zugegeben, wir Stadtführer haben gegenüber den Normalsterblichen einige Vorteile. Zumindest was das Gehen anbelangt. Zum einen ist „Gehen“ unser Hauptfortbewegungsmittel, und so haben wir durch unsere Stadtführungen eh schon einen recht hohen Bewegungsfaktor. Was gesund ist. Zum anderen wissen wir – meistens – wo es langgeht. Damit ist die Gefahr des Sich-Verlaufens prinzipiell gebannt. Was praktisch ist. Schließlich wollen wir alle gern zum Abendessen wieder zu Hause sein. Und drittens tragen wir doch eine schöne Portion Wissen über unsere schöne Stadt mit uns herum, sodass uns die Themen niemals ausgehen. Langweilig wird uns beim Gehen einfach nie. München hat dafür einfach zu viel zu bieten.

Unseren ausländischen Gästen beschreiben wir München gerne als „extremely walkable“. Also als „extrem gut zu Fuß zu erkunden“. Und das ist es ja auch. Wir können uns von U- und S-Bahn ganz bequem in viele gewünschte Ecken der Stadt bringen lassen, und zu Fuß geht es dann weiter. So entdeckt man auch die weniger bekannten Stadtviertel, spaziert wieder einmal durch den viel zu selten besuchten Park am anderen Ende der Stadt oder entdeckt diese unglaublich spannende Gegend entlang der zunehmend verschwimmenden Grenze zwischen Stadt und Umland. München zu Fuß – oder in unserem Fall: in 10.000 Schritten – ist jedes Mal ein Erlebnis für sich.

Übrigens, diese 10.000 Schritte sind eine tolle Einheit. Wenig ist das nicht, das ist klar. Außerdem hat jeder Mensch eine eigene Schrittweite. Da, wo der eine drei Schritte braucht, macht die andere vier. Dennoch, wir haben's ausprobiert und haben jede unserer Routen anhand unser beider „Durchschnittsschritte" gemessen. Dann wird das für euch sicher auch passen. Das behaupten wir jetzt einfach. Und unter uns, einen Eid würden wir eh nicht darauf schwören, dass jede Route genau 10.000 Schritte lang ist. Vielleicht sind es mal 11.223. Ein anderes Mal vielleicht nur 8.244. Grundsätzlich können wir sagen, dass jede unserer Routen etwa 1 1/2 bis 2 Stunden dauert und eine Länge zwischen sechs und

sieben Kilometern hat. Plusminus. Nagelt uns jetzt bitte nicht fest! Dort, wo es wichtig ist, weisen wir euch auf festes Schuhwerk hin und ebenso auch mal auf eine Brotzeit, damit niemand hungern muss. Denn manche Route führt uns weg von der Innenstadt mit ihren Geschäften und der Gastronomie, und sie wird mit der Anfahrt – gedanklich sind wir immer am Marienplatz gestartet – schnell zum Halbtagesausflug. Aber findet doch einfach selbst heraus, wie es euch mit unseren 10.000 Schritten geht!

Egal, ob ihr so schnell geht wie wir, oder ob ihr euch lieber mehr Zeit lasst, ob ihr auch einmal eine Route abbrecht, weil euch die Lust, Kraft, Zeit ausgeht, oder ob ihr abbiegt und den neuen Weg dann selbst wählt – wir sagen euch ganz deutlich: Habt Spaß mit diesem Buch! Erkundet auf all diesen 10.000 Schritten ein München, das ihr manchmal so noch gar nicht gekannt und gesehen habt. Wir haben Routen, die euch an den bekannten Ecken vorbeiführen, es gibt aber auch andere, die bewusst über alle Himmelsrichtungen verteilt sind. Damit ihr auch mal ein bisserl rumkommt!

In den Texten zu unseren 15 Routen steckt viel Herzblut. Sie erklären euch Wichtiges zur Geschichte, zu den Stadtvierteln und zu den Sehenswürdigkeiten und Besonderheiten auf dem Weg. Wir haben versucht, möglichst kompakt zu beschreiben, was wir euch gerne zeigen wollen. Manches Mal mit einem Augenzwinkern, ein anderes Mal aus einer persönlichen Sicht, aber immer – davon gehen wir aus – mit dem Blick fürs Interessante und Besondere.

Also, schnappt euch das Buch, sucht euch eine Route aus, ladet euch vielleicht noch den dazugehörigen GPX-Track auf euer Smartphone – Satellitennavigation, sehr praktisch – und geht los!

Na, was ist jetzt?
Jetzt geht doch endlich!

Synthia & Tobias

Die Touren
im Überblick

01

Vom Ungererbad zum Ackermannbogen

Die Umgestaltete

01

Bekannte Ecken. Moderne Kunststücke. Verschmolzene Geschichte.

Die Umgestaltete windet sich einmal quer durchs nördliche Schwabing. So, als würde ein Lindwurm beharrlich unterirdisch durch München kriechen und immer dort, wo er auftaucht, alles aufwühlen und umwälzen. Zwar gibt es auf unserer Route Stellen, wo der Lindwurm noch nicht war. Wo alles so ist, wie es ist: alt, aber nach wie vor gut und brauchbar. Doch entdecken wir auch schon die Risse und Hebungen und manch lose Stücke, die bald abgeschuppt sein dürften. Und dann gibt es schon die neuen, die auf umgewühltem Boden frisch gewachsenen Teile, wo alles so lange so schön glänzt und schimmert, bis es auch irgendwann wieder vom Lindwurm verschluckt sein wird.

Die U6 bringt uns zum Nordfriedhof, wo wir dem Mittleren Ring sofort den Rücken zukehren und die Ungererstraße wenige Hundert Meter Richtung Soxhletstraße hinuntergehen. Nach dem Überqueren biegen wir rechts in den Weg ein, der uns direkt zum Eingang des **UNGERERBADS** (1) führt. Schon Ende des 19. Jahrhunderts gab es hier ein Naturbad, das nach den Zerstörungen des Zweiten Weltkriegs in seiner markanten Schlichtheit neu gebaut wurde. Die großzügige Liegewiese hat so viel Baumbestand, dass sie gerade im Sommer mit der anschließenden Parkanlage rund um den Schwabinger See zu verschmelzen scheint.

Bevor allerdings in den 1980er-Jahren der Schwabinger See und drumherum eine Wohnanlage arrangiert wurden, war hier der Güterbahnhof München-Schwabing,

Charakter der Tour

Wir entdecken das nordwestliche Schwabing mit seinen ruhigen Oasen, viel abwechslungsreichem Grün und kurzweiliger Kunst im Raum.

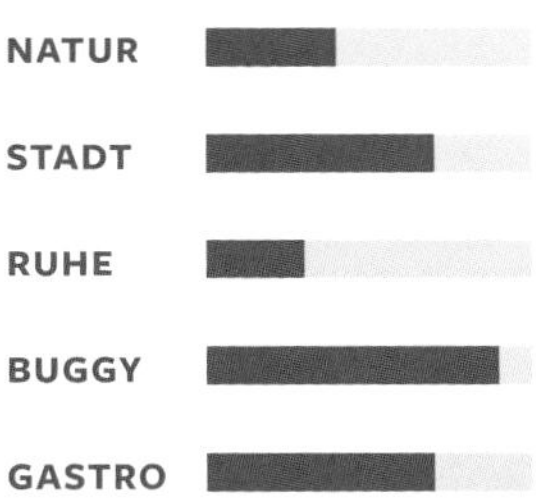

VERKEHRSANBINDUNG

Start: Haltestelle Nordfriedhof, U6

Ziel: Haltestelle Barbarastraße, Tram 12, Bus 53 und 59

MILBERTSHOFEN
SCHWABING
SCHWABING-WEST
ACKERMANNBOGEN
1
2
3
4
5
1:20.000
0
250
500
750
1000 m
N
W
O
S

von dem aus unter anderem das Heizkraftwerk des Schwabinger Krankenhauses mit Kohle beliefert wurde. Statt Güterzügen hören wir heute nur das leise Wasserrauschen des den See speisenden **NYMPHENBURG-BIEDERSTEINER KANALS** **2**.

Während wir die kleine Brücke über den Kanal nehmen, haben wir einen schönen Blick darauf, wie man in den 1980er-Jahren gebaut hat. Unmittelbar nach der Brücke biegen wir rechts ab und wandern durch die Unterführung der Wohnanlage den schnurgeraden Kanal entlang bis zur Berliner Straße. Dort, wo früher der Großmarkt Metro stand, erwartet uns jetzt eins der modernsten Quartiere Münchens, das sich – quasi flirtend mit der Stadtgeschichte – „Schwabinger Tor" nennt. Eine superurbane durchgestylte Shopping-Office-Living-Szenerie. Nicht ohne gewissen Charme, zugegeben. Vielleicht werfen wir ein paar Blicke auf diese Architektur, bevor unser Weg weiter über die Trambahngleise und dann geradeaus führt.

Hier hat die Leopoldstraße nichts Prächtiges. Sie ist eine dieser gewöhnlichen mehrspurigen Großstadtstraßen. Akzeptieren wir sie für ein paar Minuten auf unserem Weg nach Norden, überqueren wir sie auf Höhe der Wilhelm-Hertz-Straße, um auf der anderen Seite angekommen wieder auf den bereits genannten Nymphenburg-Biedersteiner Kanal zu treffen. Allmählich bemerken wir ein Hinübergleiten ins Grüne. Unsere Augen halten Ausschau nach einer kleinen Kiesbank links im Wasser. Dort stehen zwei Paar Stiefel. Das ist Kunst und schon mal ein schöner Auftakt für den gleich wahrlich „Kunst-vollen" Petuelpark.

Der Petuelpark ist eine gelungen gestaltete Überdeckelung des Petueltunnels, eines Teils des Mittleren Rings. Wir spazieren zunächst noch leicht ansteigend auf diesem nicht besonders breiten, aber unglaublich langen Streifen genüsslich Richtung Westen und sind dabei völlig unbelastet von den sich darunter schleppenden Autos. Mit einer schönen Perspektive auf den Olympia-

Spannende Kunst gibt es an vielen Stellen im Petuelpark zu entdecken.

turm und den sogenannten Vierzylinder von BMW finden wir links von uns moderne Hochhäuser, rechts eine Kleingartensiedlung und auf unserem Weg immer wieder überraschende architektonische Kunst oder kunstvolle Architekturstückchen – wie auch immer man es bezeichnen mag. Ein Trinkwasserbrunnen-Ensemble, die Statue eines jungenhaften Cowboys mit seinem Maultier, rechts versteckt hinter einer Heckenwand ein kleiner Skatepark, und gleich etwas völlig Verrücktes: ein Periskop in die Tiefe. Wie viel schöner ist es doch, hier oben zu sein.

Gegen Ende des Petuelparks scheren wir uns nicht, ob wir den linken oder rechten Weg nehmen, denn so oder so ist es fast schade, als wir die große Kreuzung an der Knorr- bzw. Belgradstraße erreichen und wir aus unserem kurzweiligen Flanieren gerissen werden. Schnell wieder weiter, hinüber ins nächste Grün! Gleich schräg links, auf der anderen Seite der Kreuzung, finden wir Abhilfe: den Luitpoldpark.

Der Stiefelbrunnen ist ein etwas versteckter Springbrunnen des Schweizer Künstlers Roman Signer.

Diese großzügige Grünanlage wurde 1911 zu Ehren des damals sehr beliebten Prinzregenten Luitpold eröffnet. Wir betreten den Park allerdings von seiner jüngeren, nördlichen Seite über die Ecke Belgradstraße/Petuelring, die das charakteristisch Symmetrisch-Herrschaftliche noch vermissen lässt. Ein schmaler Schotterweg führt uns diagonal hinein, wir erkennen hinter einer Drahtumzäunung eine große Wiese und mehrere

Schwimmbecken: Das Bad Georgenschwaige, für das es nach einem Brand im Jahre 2021 Pläne gibt, es in ein modernes Naturbad umzuwandeln. Wir gehen weiter am Gelände entlang, und allmählich öffnet sich der Blick auf einen mächtigen Hügel, den **SCHUTTBERG** **3**.

Manchmal müssen wir uns für einen Moment vergegenwärtigen: Das, was wir oft ohne nachzudenken als vollkommen natürlich und fast gottgegeben hinnehmen, ist es eben nicht. Der Luitpoldpark als solcher, das klingt zunächst lapidar, wurde vor über 100 Jahren geplant und von Menschenhand angelegt. Dieser Berg aber da vor uns, das ist das kriegszerstörte München. All die durch Bombardements im Zweiten Weltkrieg zerstörten Massen, die dem Wiederaufbau Platz machen und aus der Stadt geschafft werden mussten. Schutt. Berg. Übrigens, unser Schuttberg hier hat noch einen größeren Bruder. Den doppelt so hohen Olympiaberg, gerade mal anderthalb Kilometer Luftlinie entfernt.

Natur und Architektur kommen sich auf dieser Tour ständig nahe.

Fürstliche Wasserstraße: Der Nymphenburg-Biedersteiner Kanal beginnt am Schloss Nymphenburg und mündet im Englischen Garten in den Schwabinger Bach.

Das bronzene Trümmerkreuz auf dem Luitpoldhügel erinnert an die Bombenopfer des Zweiten Weltkriegs.

Wir spazieren ganz nah an der linken Seite des Berges, bis uns auf dem Weg rechter Hand ein in die Jahre gekommenes Fußgängerwegschild eine schmale Serpentinenspur nach oben anzeigt. Nach einigen engen Kehren erreichen wir die Gipfelanhöhe, könnten den Weg nach links zu einem kleinen Aussichtsrondell nehmen, besuchen aber das Trümmerkreuz rechts von uns, das wir über wenige grobe Stufen erreichen. Die eingeschlagene Richtung behalten wir bei und gehen von hier an bergab. Der Weg schlängelt sich den Hügel hinab und schenkt uns großzügige Ausblicke. Wir halten uns dabei immer links und entdecken bald im Flachen einen großen Spielplatz und daneben das Heckenlabyrinth, das uns je nach jahreszeitlicher Beblätterung mehr oder weniger verzweifeln lässt. Viel Glück!

Ab dem **BAMBERGER HAUS** 4 zeigt der Luitpoldpark seine eigentliche Herkunft: symmetrische Grundrisse, Baumalleen, kurzer Rasen, Ehrenobelisk. Jenseits der Karl-Theodor-Straße im Bayernpark geht es noch einmal ähnlich weiter, vielleicht etwas weniger herrschaftlich. Häuser werden sichtbarer, und spätestens, als wir an der Grundschule am Bayernplatz rechts in die Clemensstraße abbiegen, spüren wir wieder deutlich die Stadt mit all

ihren Häusern, dem Verkehr und ihrer durch die Jahrzehnte zusammengewürfelten Bebauung. Der Lindwurm war hier schon mehrfach.

Nach Überqueren der Schleißheimer Straße geht es so noch eine Weile weiter, bis wir am Ende der Saarstraße in die Grünanlage am **ACKERMANNBOGEN** 5 eintreten. Und sofort sind wir überrascht von diesem recht gleichwertigen Mix aus zugänglicher Natur und modern-urbanen Wohn- und Bürogebäuden. Das seit 2002 erschlossene, ursprünglich militärisch genutzte Areal, sukzessive zum Stadtquartier ausgebaut, hat mittlerweile eine sympathische eigenständige Patina. Wir durchqueren diese Szenerie und biegen am Stadtplatz links ab in die Petra-Kelly-Straße, die uns mit einigen interessanten und fast konstruktivistischen Fassaden zur Schwere-Reiter-Straße begleitet.

Schattiges Plätzchen: Nur ein paar Schritte vom Stadtplatz entfernt laden Sitzgruppen unter bewachsenen Metallbäumen zur Rast ein.

Wasser in der Stadt:
Wie sehr so ein Bachlauf das Ambiente im Stadtbild verbessert. Mehr davon!

Während wir auf Bus oder Tram warten, lassen wir an der Haltestelle Barbarastraße die Umgestaltete noch mal Revue passieren. Sie, die sich einmal quer durchs nordwestliche Schwabing windet. Mit Altem und Neuem, dem noch Guten und den ganz neuen Stücken. Entlang der Spur des Lindwurms, der alles wieder und wieder aufwühlt und umwälzt.

Top 5 auf dieser Route

1.
Ungererbad
Schon Mitte des 19. Jahrhunderts befand sich hier ein Naturbad, das aus dem Wasser der Würm gespeist wurde. Nach der Kriegszerstörung entstand das heutige Freibad mit seinen Schwimmbecken, großen Liegewiesen und dem herrlichen Baumbestand. Seit Jahren gibt es Diskussionen über den Sanierungsbedarf des denkmalgeschützten Gebäudes.

2.
Nymphenburg-Biedersteiner Kanal
Ein Netz von Kanälen, um seine Schlösser Nymphenburg und Schleißheim miteinander zu verbinden – das war der Wunsch von Kurfürst Max Emanuel Anfang des 18. Jahrhunderts. Der Nymphenburg-Biedersteiner Kanal beginnt am Schloss Nymphenburg, passiert Olympiapark, Luitpoldpark und Petuelpark und mündet am Englischen Garten in den Schwabinger Bach.

3.
Schuttberge in München
Der Luitpoldhügel mit seinen 37 Metern Höhe ist nicht der einzige Berg der Stadt, der aus den aufgehäuften Trümmern des Zweiten Weltkriegs entstanden ist. Im benachbarten Olympiapark ragt der berühmte Olympiaberg 56 Meter hoch in die Luft. Der Neuhofener Berg im Stadtteil Sendling ist hingegen eher unbekannt.

4.
Bamberger Haus
Ein Stück fränkischer Neobarock mitten im Luitpoldpark, fertiggestellt 1912: Tatsächlich wurden für die Gestaltung der prächtigen Fassade eigens Teile des sogenannten Böttingerhauses, eines barocken Stadtpalais, von Bamberg nach München geholt. Heute beherbergt das Bamberger Haus ein Gartenrestaurant.

5.
Frauen am Ackermannbogen
Viele Straßen der Neubausiedlung Am Ackermannbogen sind nach Frauen benannt, beispielsweise die Adams-Lehmann-Straße nach Hope Bridges Adams-Lehmann (1855 – 1916). Die gebürtige Londonerin war eine der ersten Ärztinnen Deutschlands. Erst in Frankfurt, dann in München tätig, setzte sie sich für die Gleichberechtigung von Mann und Frau ein.

02

Vom Isarhochufer bis Oberföhring

Die Aussichtsreiche

02

Hoch drüber. Tief hinein. Weit hinaus.

Charakter der Tour
Wer die beste Aussicht über München genießen will, ist hier richtig. Eine entspannte Tour mit spannenden Perspektiven am Isarhochufer.

NATUR

STADT

RUHE

BUGGY

GASTRO

VERKEHRSANBINDUNG
Start: Haltestelle Ostfriedhof, Tram 18 und 25, Bus 58
Ziel: Haltestelle Rümelinstraße, Bus 187

Gerne wird im Kreuzworträtsel nach einem Synonym für „aussichtsreich" mit fünf Buchstaben gefragt. Es gibt nur eine korrekte Antwort: rosig. Und schon gibt man dem Wort diese auf die Zukunft gerichtete positive, eben rosige Bedeutung. Die ist nicht grundsätzlich falsch, aber „aussichtsreich" im ursprünglichen Sinne ist doch ein so schönes Wort! Wenn wir jetzt sofort innehalten, stehen bleiben und einfach mal schauen, was es mit unseren eigenen Augen zu sehen und zu entdecken gibt. Jetzt, da, genau vor uns. Auch hinter uns. Und zu unseren Seiten. Und über uns und unter uns. Buchstäblich aussichtsreich. Was für ein tolles Wort.

Die Tram bringt uns zum Start an den Ostfriedhof, der sich an der Stadtteilgrenze zwischen Giesing und der Au befindet. Am Ende der St.-Bonifatius-Straße überqueren wir auf der rechten Seite der Brücke Bahngleise, die scheinbar endlos nach Westen und Osten weisen. Wir befinden uns jetzt auf dem **NOCKHERBERG** (1), benannt nach einer hier im 18. Jahrhundert lebenden Bankiersfamilie. Links auf der anderen Straßenseite ginge es in den Kronepark, benannt nach der berühmten Zirkusfamilie, wir aber biegen ganz nah am Paulaner Biergarten in die Hochstraße ein und bleiben von jetzt an fast auf der gesamten Route „hoch" oben. Übrigens braut Paulaner schon seit Jahren nicht mehr hier. Das ganze etliche Hektar große ehemalige Firmenareal der Brauerei wird gerade zum neuen Quartier „Hoch der Isar" umgebaut. Ursprünglich brau-

SCHWABING
OBERFÖHRING
5
HERZOGPARK
4
BOGENHAUSEN
LEHEL
3
ALTSTADT
HAIDHAUSEN
ISARVORSTADT
2
AU
AU
WERKSVIERTEL
1
N
W
O
S
1:30.000
0
250
500
750
1000 m

ten die Paulaner Mönche im 17. Jahrhundert nicht weit von uns entfernt, unten im damaligen Kloster Neudeck, das während der Säkularisation um 1800 in Privathand kam, dann folgte die erfolgreiche Entwicklung. Im Weitergehen erkennen wir unter uns den Auer Mühlbach und das Gelände des ehemaligen Klosters Neudeck, das später die Justizvollzugsanstalt Neudeck für Frauen und Jugendliche wurde. Alles längst an einen Immobilieninvestor verkauft.

Von der Gebsattelbrücke aus schauen wir hinunter zum Mariahilfplatz, bekannt für seinen Wochenmarkt und die traditionelle Auer Dult. Das prächtige Gebäude rechts jenseits der Brücke ist heute Hoch- und Mittelschule. Ende des 19. Jahrhunderts war hier das **MÜNCHNER KINDLHEIM** ❷, ein Waisenhaus. Zu unserer Linken haben wir immer wieder eine schöne Perspektive hinunter in die Au, durch die wir auf unserer Tour 13 „Die Elende“ (ab Seite 170) gehen.

Einige Hotels und eine Tankstelle tauchen auf, ebenso das Sudetendeutsche Museum, und direkt vor uns überragt die braunrote Vieleckigkeit des Gasteig

alles andere. Das in den 1980er-Jahren erbaute Kulturzentrum befindet sich an einer Stelle, nach der es auch benannt ist: einem „gachen" Steig, also einem steilen, schwierigen Weg. Den mussten schon die mittelalterlichen Händler der Salzstraße mit ihren Fuhrwerken hinter sich bringen. Wir überqueren die Rosenheimer Straße, die sich in die Innenstadt biegt, um gegenüber zu einem schmalen Schotterweg zu gelangen. Links von uns liegt das Müller'sche Volksbad, daneben das Muffatwerk, rechts von uns die Nikolai- und die Loretokapelle. Auf sie alle gehen wir auf der Tour 13 durch die Au „Die Elende" näher ein.

Ausschließlich gescheite Köpfe: Von Max II. als Stipendiatenwohnheim angelegt, beherbergt das Maximilianeum heute auch den Bayerischen Landtag.

Wir schlendern immer an der Hangkante des Hochufers weiter, bis uns der Lärm von Autoreifen auf Kopfsteinpflaster das Maximilianeum ankündigt. Dieses Gebäude mit seiner szenenreichen Fassade beherbergt zum einen seit der Erbauung unter Maximilian II. in den 1870er-Jahren eine Stiftung für etwa fünfzig gescheite Studierende, aber auch der Bayerische Landtag hat hier seit 1949 seinen Sitz. Wo wir jetzt stehen, gibt es unglücklicherweise keinen Fußgängerübergang über die Max-Planck-Straße, daher versuchen wir, eine sichere Lücke im Auto- und Trambahnverkehr zu finden, um hinüber ins Rondell zu gelangen. Wir wollen uns schließlich den kleinen Anstieg hoch zur Terrasse erlauben, um von dort die

Anstelle eines Denkmals hätte Ludwig II. hier lieber seine erträumte Semperoper stehen gehabt.

wunderbare Aussicht über die Isar und die **MAXIMILIANSTRASSE** **3** in die Innenstadt zu genießen.

Unten angekommen, wechseln wir über den zweiten Straßenbogen in den Anfang der Maximiliansanlagen hinüber. Hier finden wir einen Schotterweg, dem wir nur wenige Meter abwärts und dann nach rechts folgen. Gleich hinter der kurzen Brücke müssen wir uns für den mittleren schmalen, nicht allzu „gachen" Steig entscheiden, der oben zum König-Ludwig-II-Weg wird und uns unmittelbar zu dessen Denkmal führt. 1967 aufgestellt, soll es seine Majestät und auf großen Tafeln seine drei Schlösser sowie seine erträumte, nie gebaute Münchner Semperoper zeigen.

Die Wege hier neigen dazu, uns verwirren zu wollen, wir aber halten uns auf der rechten Seite der Maximiliansanlagen, parallel zur Maria-Theresia-Straße, und wenn

Lage aktuell: Kiosk geöffnet, Regale gefüllt, Herz am rechten Fleck.

WILDBRÄU
Kiosk am Nockherberg
Am Nockherberg
15
ANGNESE®
ESPRESSO 1
ES. MACCHIATO 1.20
CREMA 2.20
CAPPUCCINO 3
MILCHKAFFEE 3
LATTE MACCH. 3
Chupa Chups

Liesl
Karlstadt

wir durch die Bäume schauen, strahlt uns dabei die eine oder andere Bogenhausener Villa an. Bald bemerken wir wieder den Straßenverkehr, denn wir befinden uns an der Prinzregentenstraße auf Höhe des Europaplatzes. Wir betreten an der Fußgängerampel das schmale Grünstück, das wie eine kleine Allee auf den Friedensengel, eigentlich die griechische Siegesgöttin Nike, ausgerichtet ist. Nike auf der Säule, das antikisierende Tempelchen samt Heldenfresken und Herrscherporträts – das alles ist ein 1895 errichtetes Denkmal, das an den 25 Jahre währenden Frieden nach dem Sieg im Deutsch-Französischen Krieg erinnern soll.

Wir verabschieden uns von Nike und ihrer schönen Perspektive, gehen die Prinzregentenstraße hinab und tauchen nach der Ampel in die zweite Hälfte der Maximiliansanlagen ein. Wir begegnen einem nachdenklichen Brunnenbuberl und schlendern dann so lange, bis uns wieder ein Gefühl der Verirrung beschleicht. Glücklicherweise finden wir eine Gruppe von drei Parkbänken, an der wir uns links querfeldein halten müssen, um zum Rand des Hochufers zu kommen. Die Freifläche unter uns ist im Sommer Liegewiese, im Winter Schlittenberg. Links am Alfred-Delp-Denkmal vorbei, das an den Pater erinnert, der von den Nazis wegen Hochverrats gehängt wurde, führt dieser Weg hinunter Richtung Isar und weiter in den Englischen Garten. Rechts sehen wir aber die Bogenhausener Kirche St. Georg, deren Friedhof wir einen Besuch abstatten. Ein kleiner und fast pittoresker Ort, voller Natur und dicht gedrängter Gräber, deren Grabsteine und geschmiedete Metallkreuze auf so einige **BERÜHMTE PERSÖNLICHKEITEN** ❹ hinweisen. Wir betreten den schmalen Weg, der uns entlang der Friedhofsmauer führt. Wir sind überrascht: Schriftstellerinnen, Dramatiker, Bürgermeister, Schauspielerinnen, ein Astronom. So viele aussichtsreiche Frauen und Männer. Ob sie das selbst auch so sehen würden?

Wir verlassen den Friedhof und wenden uns nach links, damit wir gleich nochmals links über die Möhlstraße zur Montgelasstraße kommen. Langsam merken wir,

„Kongenial“ nennt man sie gern im Zusammenhang mit Karl Valentin. Wir möchten ergänzen: ebenbürtig, einzigartig, unvergleichlich.

Aussichtsreich: Am Stauwehr können wir stromauf- wie stromabwärts nochmal den Blick in die Ferne schweifen lassen.

dass wir mit jedem Schritt an Höhenmetern verlieren. Spätestens an den Treppen hinein in die Häuserschlucht der Kufsteiner Straße wissen wir, jetzt geht es abwärts. Wir passieren eine weitere Ampel, gehen direkt auf die Isar zu und weichen ihr bis zum Schluss nicht mehr von der Seite. Es bietet sich an, diese bei Läufern und Radfahrern beliebte Strecke am ruhigeren Vormittag entlangzuspazieren. Hier lebte Thomas Mann bis zu seinem Exil samt Familie in seiner Villa – heute Thomas-Mann-Allee 10. Uns fällt ein, dass wir wieder mehr lesen sollten. Wir gehen unter der John-F.-Kennedy-Brücke des Isarrings durch und haben von hier aus noch etwas mehr als einen Kilometer bis zum Stauwehr Oberföhring. Um 1900 erkannte man die Wirtschaftlichkeit der Wasserkraft, und ein Fluss wie die Isar wurde dementsprechend in Form gefasst. Das Stauwehr hat die Aufgabe, Isarwasser aufzustauen, um damit den rechts abzweigenden Mittlere-Isar-Kanal zu beschicken. Gehen wir doch näher und betreten nach dem kleinen Durchgangstunnel die lange Balustrade, von der wir eine schöne Aussicht über die freie **ISAR** 5 Richtung Norden haben.

Irgendwann gehen wir zurück und biegen in den Max-Halbe-Weg ein, der uns nach wenigen Minuten zur Bushaltestelle Rümelinstraße an der Mauerkircherstraße bringt, wo der Bus 187 auf uns wartet.

Top 5 auf dieser Route

1. Nockherberg

Die meisten verbinden mit dem Nockherberg vor allem eins: Starkbier. Jedes Jahr in der Fastenzeit wird das Starkbierfest im Salvatorkeller der Paulaner Brauerei veranstaltet. Das „flüssige Brot“, so hielt man es zur Zeit des Paulaner-Ordens, breche keineswegs die Fastenregel. Höhepunkt der Starkbierprobe ist das Derblecken, ein politisches Kabarett mit Singspiel.

2. Münchner Kindlheim

In diesem städtischen Kinderasyl, gegründet 1891, sollten „Kinder ohne konfessionelle Grenzen Aufnahme finden“. Die Umbenennung in Münchner Kindlheim erfolgte erst später. Heute befindet sich das heilpädagogische Kinder- und Jugendheim in Harlaching. Der Bau an der Hochstraße 8 wurde im Zweiten Weltkrieg zerstört.

3. Maximilianstraße

Ob Gucci, Hermès, Jimmy Choo oder Chanel – der Geldbeutel sollte hier schon gut gefüllt sein und die Kreditkarte gedeckt. Wer den großen Auftritt sucht, kommt an der Nobelmeile nicht vorbei. Abends lockt Kultur, sei es eine Operette, ein Theaterstück oder Ballett im Residenztheater, in der Bayerischen Staatsoper und in den Münchner Kammerspielen.

4. Liesl Karlstadt

Die Schauspielerin und Volkssängerin wurde 1892 unter dem bürgerlichen Namen Elisabeth Wellano in München geboren. Sie war Meisterin ihres Fachs und feierte mit ihrem Bühnenpartner Karl Valentin, aber auch später als Solokünstlerin große Erfolge. Dem genialen Komikerduo ist ein Museum gewidmet, das Valentin-Karlstadt-Musäum im Isartor.

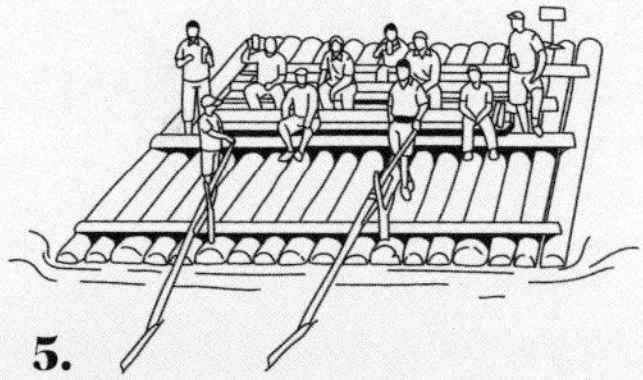

5. Isar

Die Isar entspringt im Karwendelgebirge bei Scharnitz und mündet nach 295 Kilometern südlich von Deggendorf in die Donau. Mit großen Schiffen ist der Fluss nicht befahrbar, doch diente er in der Geschichte als wichtiger Transportweg. Bereits im 12. Jahrhundert wurden mit Flößen Holz, Güter und Personen befördert.

03

Einmal Schlosspark Nymphenburg und zurück

Die Schöne

03

Geradlinige Ideale. Elegante Künste. Menschengemachte Natur.

Charakter der Tour
Natürlich ist Schloss Nymphenburg ein Muss! Wir genießen auf dieser Tour den Schlosspark mit all seinen Überraschungen. Ein Erlebnis zu jeder Jahreszeit.

NATUR	████████
STADT	██
RUHE	███████
BUGGY	██████████
GASTRO	████

VERKEHRSANBINDUNG
Start: Haltestelle Hubertusbrunnen, Bus 144 od. Haltestelle Gern, U1/U7
Ziel: Haltestelle Schloss Nymphenburg, Tram 17, Bus 51 und 151

Schönheit, so sagen manche seit der Antike, sei Symmetrie. So konnte man damals schon die idealen Proportionen eines Körpers vom Haaransatz bis zum kleinen Zeh berechnen. Vor allem sei Schönheit immer Symmetrie entlang der Längsachse. Ein Gebäude, ein Tempel, ein Gesicht. Zwei gleiche Hälften, gespiegelt an einer geraden Linie. Wir können das schon verstehen. Symmetrie bietet eine leicht verständliche Harmonie, die sofort wirkt. Unsere ganz persönliche Erfahrung sagt uns aber: Zu viel Symmetrie braucht kein Mensch. In Nymphenburg zeigt sich das. Da haben wir diese perfekte, irrsinnig symmetrische, barockig wohltemperierte Schlossanlage mitsamt ihren Kanälen und Wasserbecken. Sehr, sehr schön. Ein tieferes Gefühl für Schönheit erleben wir aber erst im Park. Und auch erst dann, wenn wir uns etwas abseits befinden, ein wenig jenseits der Mittelachse, halb noch im Geordneten und Gestalteten und halb schon im Wilden und Verwachsenen. So, als würden wir in ein schönes Gesicht schauen, und von der Stirn fällt eine Haarsträhne übers Auge. Die Un-Symmetrie ist nämlich auch schön. Manchmal vielleicht sogar noch schöner.

Zum Startpunkt gelangen wir entweder direkt mit dem Bus 144, oder wir fahren mit der U-Bahn nach Gern und gehen die Waisenhausstraße wenige Minuten nach Süden bis zum Hubertusbrunnen. Dieses Werk von Adolf von Hildebrand steht erst seit den 1950er-Jahren hier, nachdem es die Nazis beim

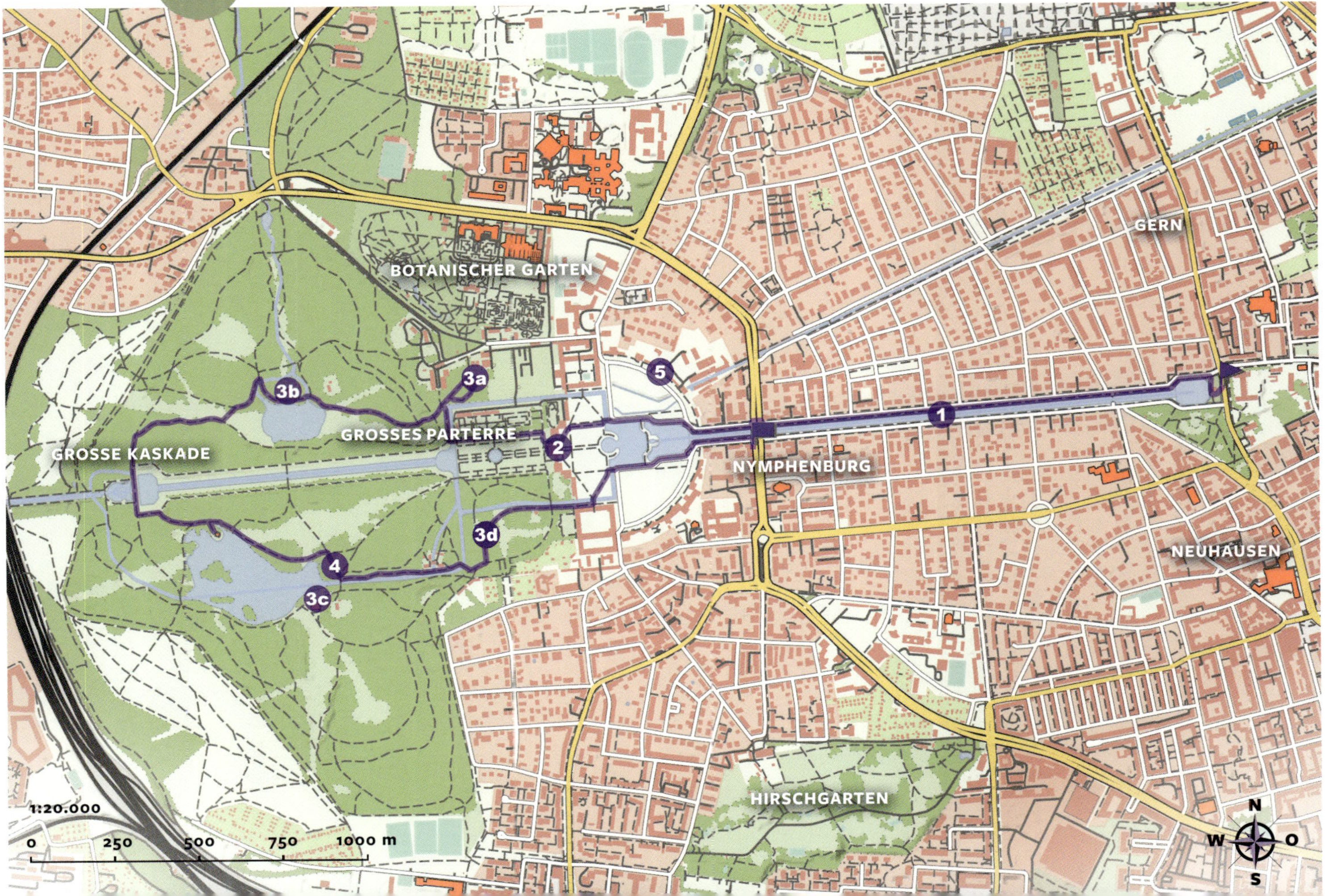

BOTANISCHER GARTEN
GERN
3b
3a
5
GROSSES PARTERRE
1
2
GROSSE KASKADE
NYMPHENBURG
3d
4
NEUHAUSEN
3c
HIRSCHGARTEN
1:20.000
0
250
500
750
1000 m
N
W
O
S

Beim Spaziergang entlang des Kanals erahnt man schon die besondere Atmosphäre von Schloss Nymphenburg.

Umbau der Prinzregentenstraße vor dem Bayerischen Nationalmuseum abgetragen hatten. Schloss Nymphenburg erahnen wir weit entfernt, und wir laufen an der Nördlichen Auffahrtsallee auf der rechten Seite des Kanals darauf zu. Im Sommer kann man dicke Karpfen im Wasser entdecken, in kalten Wintern ist das zugefrorene Wasser ein Paradies für **EISLÄUFER UND EISSTOCKSCHÜTZEN** 1. Gegenüber, auf der Südlichen Auffahrtsallee, gibt es immer wieder kleine Verkehrsstaus, wenn die roten oder blauen Sightseeing-Busse sich durchschlängeln müssen. Wir sind glücklicherweise erst auf Höhe der Menzinger Straße mit stärkerem Verkehr konfrontiert, gelangen aber an der Ampel sicher auf die andere Seite.

Schon bald öffnet sich das Gelände wie ein Vorhang und gibt den Blick frei auf die über 600 Meter breite und sehr symmetrische Anlage: Sie ist größer als Versailles, den Park noch nicht mitgerechnet. Im 17. Jahrhundert schenkte Herzog Ferdinand Maria seiner **HENRIETTE ADELAIDE** ② nach über zehnjähriger Wartezeit zur Geburt des lang erwünschten Thronfolgers ein kleines Schloss. Zunächst war das nur der quaderförmige Mittelbau. Der Rest drumherum war Land und Wald. Im Verlauf von hundert Jahren ließ jeder neue Herrscher die Anlage erweitern und ausbauen, das Schlossrondell mit den Kanälen und dem darunterliegenden axial-symmetrischen Park nach Art des Barock anlegen, bis um 1800 der spätere König

03

„Betreten verboten" heißt es für uns auf den Rasenflächen im Schlosspark. Das Erlebnis in der prächtigen Anlage schmälert das keineswegs.

Max I. Joseph entschied: genug der Symmetrie. Große Teile des Parks wurden dann umgestaltet – auf die feine englische Art. Aber das sehen wir später noch besser.

Zwar gibt es Tickets für den Besuch des Schlosses, des Marstall- und des Porzellanmuseums sowie im Sommer für die **PARKBURGEN** **3**, aber wir heben uns das für ein nächstes Mal auf, denn wir wollen vor allem im Park unterwegs sein. Wir betreten ihn durch die Torbögen rechts vom Mittelbau und halten uns dann auf dem rechten Weg entlang der Bäume. Wir

Als Ruine gestaltet sollte die Magdalenenklause (unten) dem Kurfürsten zur eremitischen Einkehr und zum Sinnieren über die Vergänglichkeit dienen.

befinden uns hier auf dem Großen Parterre mit seinen steinernen Göttern, Amphoren und dem großen Fontänenbrunnen. Nach der kleinen Brücke lassen wir erstmal alles Herrschaftliche hinter uns und biegen rechts ab Richtung Magdalenenklause. Hier, etwas abgelegen in einem kleinen Wäldchen, umrunden wir ein zur Ruine gestaltetes Klösterchen, in das der Fürst sich eremitisch zurückziehen konnte. Vor all der Symmetrie?

Auf dem Weg zur Pagodenburg wähnen wir uns unterwegs in purer Natur, und die Laubbäume gewähren uns immer wieder einen schönen Blick ins Weite. Aber eins muss jetzt verstanden werden – und dazu gehen wir kurz vor dem See ein paar Meter querfeldein in die Wiese und blicken zurück zum Schloss: Wir stehen jetzt auf einer früheren Sichtachse des barock-symmetrischen Parks. Vieles hier scheint auf natürliche Art genau so gewachsen zu sein. Dabei wurde das Symmetrische durch den Wunsch nach Un-Symmetrie abgelöst, eine neue Planung entstand, und mit ihr ein Englischer Garten.

Gleich nach der Brücke mit den Amphoren taucht die „indianische" Pagodenburg auf, wo der Fürst sich ausruhen konnte, nachdem er sich bei einer Art frühem Crocket verausgabt hatte. Der heutige See war im 18. Jahrhundert noch Teil einer geometrischen Gartenanlage mit Wasserbecken. Bald taucht eine weitere Brücke auf, nach der wir scharf links ab-

biegen, um dann an einer Gabelung den linken der beiden Wege zu wählen. Wir kreuzen die ehemalige Sichtachse und gehen rechts gegenüber in das Wäldchen. Nach einer lang gezogenen Linkskurve gelangen wir zur Großen Kaskade. Von hier aus, fast schon am anderen Ende des Schlossparks, können wir schnurgerade über den langen Kanal zum Schloss blicken, während sich in unserem Rücken das Wasser, umrankt von Götterfiguren, ein paar Marmorstufen hinunterwälzt. Gerade können wir uns nicht entscheiden, wo mehr Schönheit zu entdecken ist: hier auf der mächtigen Mittelachse stehend oder doch vielleicht ein paar Meter weiter, wo wir die gesamte Anlage besser erfassen können. Denn alles hier ist so – groß.

Wir spazieren den leicht ansteigenden Weg links entlang. An der Steinbank biegen wir rechts ab, und bald schimmert der Badenburger See durch die Zweige. Auf einer kleinen Landzunge entdecken wir den Apollotempel, wo uns König Ludwig I. dankenswerterweise an die Verwandlung des Gartens vom ursprünglich „Franzoesischen Styl" hin zu einem im Englischen Stil erinnert. Der Weg führt am See entlang, an einer Kreuzung gehen wir rechts, und nach dem steinernen Denkmal eines **FLÖTENDEN PAN** 4 samt meckerndem Ziegenbock könnten wir nach der Brücke noch das kleine Stück zur Badenburg spazieren, einem fast lüstern anmutenden Mix aus Festgebäude

König Ludwig I. ließ den als Apollotempel gedachten Monopteros (oben) auf einer Halbinsel im Badenburger See errichten.

Schon am Hubertusbrunnen beginnt die charakteristische Symmetrie Nymphenburgs.

und herrschaftlichem Badehaus. Wir aber biegen am knorrigen Baum, wo manchmal ein Käuzchen zu sehen sein soll, noch vor dem Kanal links ab. So kommen wir am Grünen Brunnhaus, dem immer noch betriebenen Pumpwerk der Parkfontänen, ebenso vorbei wie nach einer kleinen Brücke über den Südlichen Kanal am „Gefiederten Baum". Wer es genau wissen will: Das ist eine schlitzblättrige Buche – Fagus sylvatica Laciniata.

Im Grünen Brunnhaus arbeiten seit dem 18. Jahrhundert Pumpwerke, die bis heute die Fontänen mit Wasser versorgen.

Links erscheint die Amalienburg in Pastellrosa. Ein prachtvolles Schlösschen, innen wie außen, gebaut für Lust und Jagd. Nur ein paar Minuten weiter taucht zu unserer Rechten der Prinzengarten auf, in dem schon der spätere Märchenkönig Ludwig II. als Bub gespielt hat. Heutzutage ist hier ein Spielplatz für die kleinen Besucherinnen und Besucher in Nymphenburg.

Geradeaus kommen wir langsam zurück zum Schloss, das wir durchs Tor verlassen. Im Gebäudetrakt rechts von uns befinden sich das Marstallmuseum und die **PORZELLANAUSSTELLUNG** **5**, wir zweigen aber links in den diagonalen Weg ab und gehen wieder näher zur Mittelachse. Dahin, wo alles begann. Zwischen dem Parkplatz zur Rechten und der Kanalanlage zur Linken schlendern wir langsam an der Südlichen Auffahrtsallee entlang zum Ende dieser Tour. Nach ein paar letzten Blicken zurück zum Schloss steigen wir an der Haltestelle „Schloss Nymphenburg" in die 17er Tram ein. War doch schön. Oder?

Top 5 auf dieser Route

1.
Wintervergnügen auf dem Schlosskanal
In kalten Wintern verwandelt sich der Nymphenburger Schlosskanal in eine beliebte Natureisfläche. Wenn die Eisdecke tragfähig ist, gibt es für Wintersportfreunde kein Halten mehr: Vor herrschaftlicher Kulisse lässt sich hier wunderbar Eislaufen und Eisstockschießen. Einen Schlittschuhverleih und ein Glühweinstandl gibt es auch.

3.
Parkburgen
Neben dem Hauptschloss lohnt sich ein Besuch der Parkburgen. Von April bis Mitte Oktober sind Amalienburg, Badenburg, Pagodenburg und Magdalenenklause geöffnet und bieten Einblicke in die höfische Freizeitgestaltung des 18. Jahrhunderts. Besonders sehenswert sind das Rokoko-Jagdschlösschen von Kurfürstin Amalia und die Badenburg mit ihrem großen Badesaal.

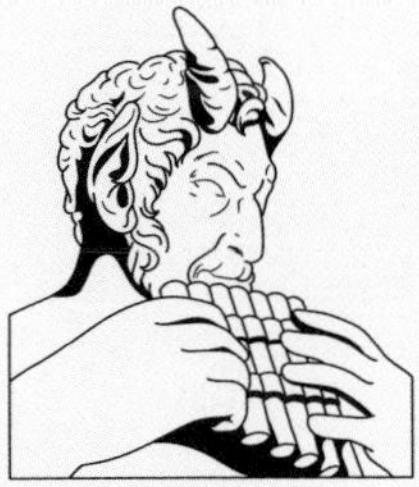

4.
Gruppe des Pan
Die Marmorfigur des Pan mit Panflöte und Ziegenbock im Nymphenburger Schlosspark stammt aus dem Jahr 1815. Der griechische Hirtengott mit seinen Hörnern und Bocksfüßen wurde im christlichen Mittelalter umgedeutet und oft zur Darstellung des Teufels verwendet.

2.
Henriette Adelaide von Savoyen (1636–1676)
Erst 14 Jahre war die Turiner Prinzessin alt, als sie mit dem gleichaltrigen bayerischen Thronfolger Ferdinand Maria verheiratet wurde. Sie führte den italienischen Barock ins blasse Hofleben der Wittelsbacher ein und holte italienische Künstler und Baumeister nach München. Wir verdanken ihr Prachtbauten wie Nymphenburg und die Theatinerkirche.

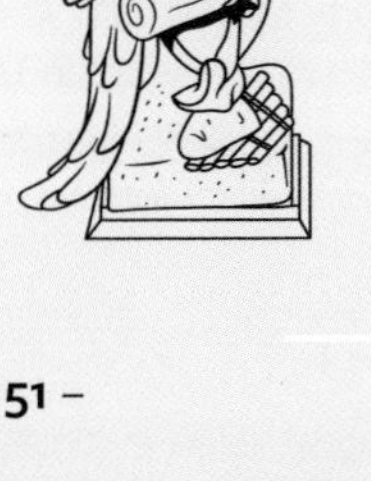

5.
Nymphenburger Porzellan
Die Nymphenburger Porzellanmanufaktur wurde 1747 gegründet und erreichte durch Franz Anton Bustelli, einen der bedeutendsten Porzellankünstler des Rokoko, Weltruhm. Im nördlichen Schlossrondell wird das Porzellan bis heute in Handarbeit geformt, gedreht und bemalt. Die Manufaktur selbst kann nicht besichtigt werden.

04

Im Olympiapark und im Olympiadorf

Die Olympische

04

Vor 50 Jahren gebaut. Für einige Wochen gefeiert. Bis heute heiß geliebt.

Charakter der Tour
Eine einzigartige Landschaft mit bahnbrechender Architektur. Auf dieser Tour mit einem kleinen Gipfelanstieg verstehen wir, warum der Olympiapark bis heute die Menschen begeistert.

NATUR
STADT
RUHE
BUGGY
GASTRO

VERKEHRSANBINDUNG
Start und Ziel: Haltestelle Olympiazentrum, U3, Bus 173 und 180

Vielleicht sollten wir diese Tour mit bekannten Namen einleiten. Mark Spitz, Ulrike Meyfarth, Silvia Sommerlath, Otl Aicher. Sofort denkt man an einen Schwimmer in knapper Badehose, eine herausragende Hochspringerin, die schwedische Königin im hellblauen Dirndl und einen genialen Grafikdesigner, der eben dieses Hellblau ausgewählt hat. Oder wir beginnen eher nüchtern-professionell: Als München im April 1966 erfuhr, dass es die Olympischen Sommerspiele 1972 ausrichten würde, war damit das Startsignal gegeben für eine unvergleichliche Architektur- und Infrastrukturoffensive, deren Ergebnisse neue Maßstäbe setzten und bis zum heutigen Tag stilbildend sind. Und sofort denkt man an diese einzigartige Stadionarchitektur mit dem durchsichtigen **ZELTDACH** (1), alles eingebettet in eine sympathische Hügellandschaft mit See, im Hintergrund der Olympiaturm. Vielleicht sollten wir aber einfach mit einer persönlichen Note beginnen: Für uns ist der Olympiapark einer der schönsten Orte Münchens. Einer der vielseitigsten, zu jeder Jahreszeit einen Besuch wert. So einfach. Und damit erklären wir „Die Olympische" für eröffnet.

Wenn wir an der U-Bahn-Haltestelle Olympiazentrum nach oben kommen, sehen wir uns gleich mit einer Vielzahl an Gebäuden konfrontiert. Unmittelbar vor uns liegt die BMW-Welt, ein futuristisches Marketing-Mutterschiff mit einem Mix aus gigantischem Showroom und Neuwagenauslieferung bei Sekt und

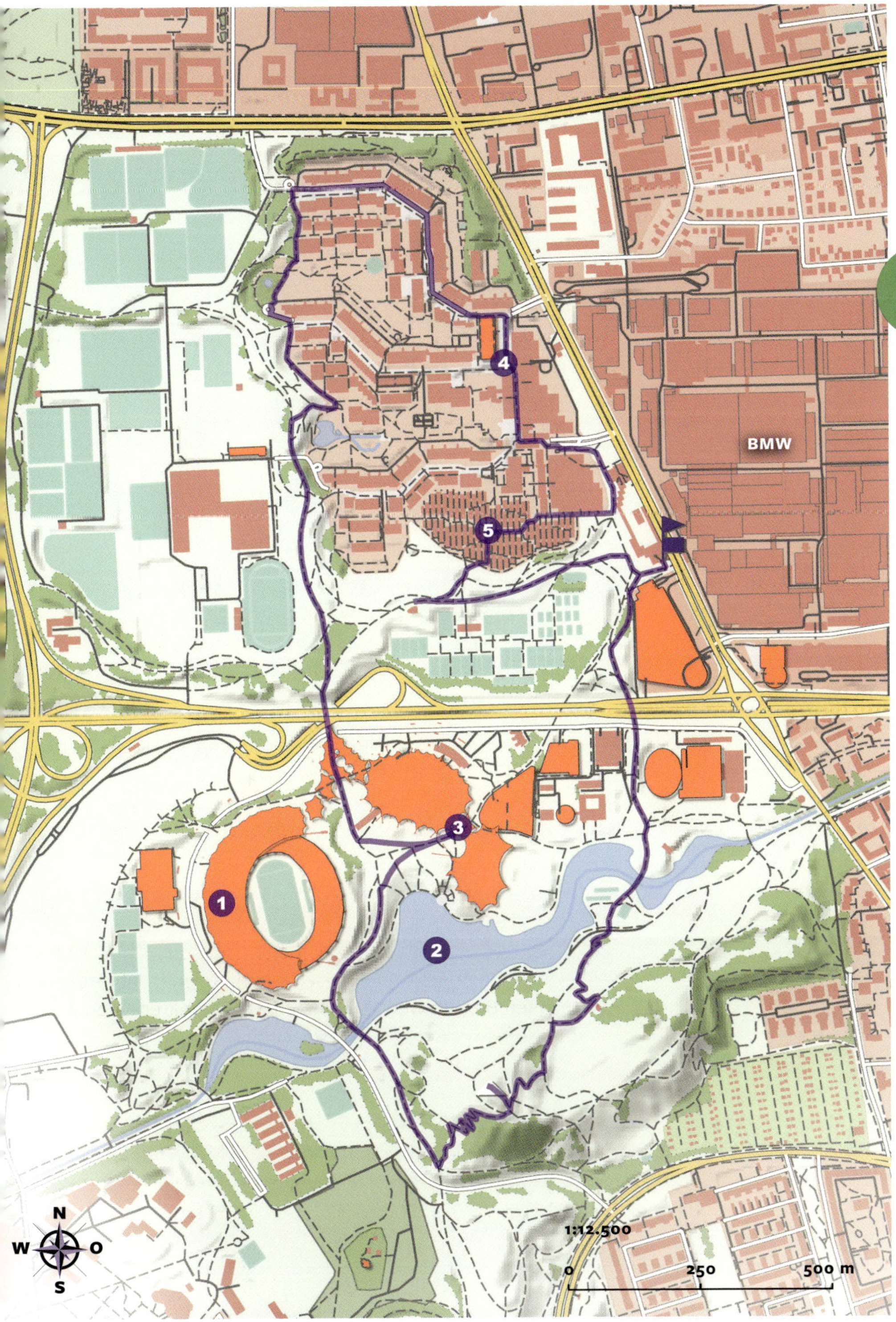
BMW
1
2
3
4
5
N
W
O
S
1:12.500
0
250
500 m

Außergewöhnliche Architektur: Oben das **BMW**-Hauptverwaltungsgebäude (der „Vierzylinder"), das runde BMW-Museum und die BMW-Welt. Rechts oben das innovative **Zeltdach im Olympiapark**, rechts unten die alpin anmutende **Hügellandschaft** aus Kriegsschutt und Aushub von Günther Grzimek.

Gourmethäppchen. Eine der meistbesuchten Sehenswürdigkeiten Bayerns. Links, jenseits der Lerchenauer Straße, das BMW-Werk, weiter vorne die „Salatschüssel", das BMW-Museum, und der „Vierzylinder", das Hauptverwaltungsgebäude. Hinter uns können wir die Bäume hindurch die Hochhäuser des Olympischen Dorfes erspähen. Unübersehbar schräg rechts vor uns steht der Olympiaturm.

Der Weg gabelt sich, wir halten uns links und überqueren den Mittleren Ring. Auf der anderen Seite kommt zu unserer Linken das Eissportzentrum mit dem vorgelagerten Hallenfußballzelt, und nur einige Schritte weiter haben wir einen tollen Blick auf den Olympiaturm, den bis zur Spitze 291 Meter hohen Fernsehturm mit luftiger Aussichtsplattform und schickem Drehrestaurant.

Zwar war das Architekturbüro Behnisch & Partner verantwortlich für die Planung der Sportstätten und der generellen Infrastruktur des Olympiageländes, die

Landschaftsgestaltung aber oblag dem Landschaftsarchitekten Günther Grzimek. 50 Jahre später wird ihn die Landschaftsarchitektin und Professorin Regine Keller in einem Interview als „absoluten Pionier" bezeichnen, der eine völlig „demokratische" Landschaft modelliert hat, keinen absolutistischen Park „feudaler Herkunft". Im Gegenteil: „Betreten erlaubt". Ein Park „als Gebrauchsgegenstand" und „animierend zum Benutzen". Grzimek hat das beeindruckend gut gemacht.

Es geht geradeaus weiter, bis wir am Hang den kleinen geschwungenen Weg nach oben nehmen. Wir gehen an einer Abzweigung links und gelangen so über einen kleinen Damm zur Olympia-Alm. Hier geht es leicht ansteigend weiter, und an der nächsten Kreuzung biegen wir links ab, wobei sich langsam die Sicht Richtung Südosten über München weitet. Bald zweigt rechts ein steilerer Kopfsteinpflasterweg ab, der uns über ein paar Kurven auf den Gipfel des Olympiabergs bringt. Was für eine Aussicht! Bei Föhn der Wahnsinn.

Und von diesem höchsten Punkt aus kann man auch gut die bewusste Tieferlegung der Sportstätten unter das eigentliche Straßenniveau erkennen. Die Natur sollte die Dominante sein. Ein Teil der Hügellandschaft wurde mit dem Aushub des **OLYMPIASEES** **2** und der Stadien gestaltet. Der 56 Meter hohe Gipfel allerdings, auf dem wir gerade stehen, ist die Spitze des größten Schuttbergs Münchens. Wir stehen auf den Trümmern der kriegszerstörten Stadt.

Wo der Abstieg vom Gipfel auf einen breiteren Weg trifft, gehen wir erst rechts und schwingen uns dann in mehreren Serpentinen nach unten. An der untersten Gabelung gehen wir links, um einen besseren Blick auf das Gelände des Tollwood-Sommerfestivals zu bekommen. Mittendrin, umgeben von Bäumen, befindet sich die „Ost-West-Friedenskirche", errichtet in den 1950er-Jahren vom russischstämmigen „Väterchen Timofej", der in mehreren religiösen Visionen den Auftrag erhalten hatte, in München eine Kirche zu bauen.

Medialines heißen die farbenfrohen Wegweiser, die quer durchs Olympiadorf verlaufen, damit wir uns nicht verlaufen.

Das ehemalige Frauendorf ist nicht nur architektonisch interessant, sondern fasziniert mit seinen bemalten Fassaden.

Unsere Route führt uns jetzt näher zu den Stadien: Links liegt das Olympiastadion, das seit 1997 unter Denkmalschutz steht. Nach 1972 wurde es vor allem für Fußballspiele genutzt, bis heute finden hier Open-Air-Konzerte statt. Am großzügigen Hans-Jochen-Vogel-Platz bewegen wir uns Richtung Coubertinplatz hoch zur Olympiahalle und zur Olympia-Schwimmhalle, denn dort befindet sich ein interessanter Ausstellungspavillon zur Architektur und zum **CORPORATE DESIGN** (3) der Spiele. Anschließend gehen wir wieder ein Stück zurück, biegen nach der Olympiahalle rechts ab und überqueren erneut den Mittleren Ring. Am Ende der Brücke taucht der „Klagebalken“ auf, das aus Stein gemeißelte Denkmal für die Opfer des Olympia-Attentats vom 5. September 1972, bei dem acht palästinensische Terroristen im Olympiadorf elf israelische Sportler als Geiseln nahmen. Zwei davon wurden noch im Appartement von den Terroristen erschossen. Am Ende kamen bei einem unkoordinierten Befreiungsversuch der Polizei am Fliegerhorst Fürstenfeldbruck die neun israelischen Sportler, fünf Terroristen und ein Polizist ums Leben.

Die Gebäude rechts vor uns mit den treppenartig aufsteigenden Terrassen, die Bungalows dazwischen und die flankierenden Hochhäuser – das alles ist das „Olydorf", das **OLYMPISCHE DORF** 4. Während der Spiele lebten hier für einige Wochen fast 12.000 Menschen aus der ganzen Welt. Im „Männerdorf", den Terrassen- und Hochhäusern, waren die männlichen Sportler und ihre Betreuer untergebracht, im „Frauendorf", den vorgelagerten Bungalows, gut 1.700 Sportlerinnen mit ihren Betreuerinnen. Das Frauendorf wurde nach den Spielen dem Studentenwerk zugeteilt, die Wohnungen des Männerdorfs standen dagegen zum Verkauf, der anfangs nicht sehr gut lief. Mittlerweile aber ist das Olydorf mit seiner ganz eigenen Atmosphäre ein von seinen Bewohnerinnen und Bewohnern heiß geliebtes Viertel, das alles bietet, was man zum täglichen Leben braucht. Und es gibt etwas ganz Besonderes: Alle Autos fahren und parken unter den Gebäuden. Oberirdisch ist alles autofrei. Sehr angenehm.

Wir halten uns zunächst geradeaus und spazieren dann zum kleinen Nadisee hinunter, um uns einige Schritte links durch die Wiese zu erlauben, damit wir zum Fußgängerweg entlang der Anlage kommen. Nach der Nadistraße gehen wir Richtung Wiese und kommen an der „Roten Stadt" vorbei, einer aus Ziegeln gebauten und zigfach übersprühten Mauerwelt, die ursprünglich als Spielplatz gedacht war und mittlerweile bei ambitionierten Parkour-Sportlern sehr beliebt ist. An der Straßbergerstraße steigen wir einige Treppen hoch und gelangen so auf das autofreie Niveau. Als der

„A bissel was geht immer."
Damit lehrt uns der Monaco Franze die intrinsische Selbstbefähigung durch positive Affirmation.

MARCHIGIORGIO

An das Olympia-Attentat erinnert der Erinnerungsort „Einschnitt“, der 2017 eingeweiht wurde.

Weg nach links abbiegt, überrascht uns eine „Media Line“ in Orange, eine von sechs unterschiedlich gefärbten Pipelines, die als Leitsystem dienen sollten und es immer noch tun. So kommen wir zum Ökumenischen Kirchenzentrum, in dem während der Spiele Gottesdienste in 14 Sprachen stattfanden. Dann geht es im Schatten der Hochhäuser an den Weltzeituhren vorbei und hinein in die Ladenstraße.

Auf der anderen Seite der Passage folgen wir diesmal der roten Media Line, die uns aus dem Männerdorf hinausführt. Wir gehen rechts am Parkhaus entlang, um am Ende nochmal rechts ins ehemalige **FRAUENDORF** **5** abzubiegen. Ein Dorf im Dorf, mit symmetrischen Bungalowzeilen und witzigen Wandbildern. An einer ersten Weggabelung halten wir uns links und biegen etwas später am Marienplatz links in eine schmale Straße mit einer Reihe von Bäumchen ab, an deren Ende wir zu dem Wall hochsteigen, der das Olydorf von Süden her umschließt. Wo sich die Schotterwege verzweigen, halten wir uns rechts, denn nur knapp 100 Meter vor uns befindet sich der „Einschnitt“, ein Gedenkort, der ebenfalls an das Olympia-Attentat erinnert – wesentlich umfangreicher und multimedial.

Von hier aus sind es nur noch wenige Minuten bis zur U-Bahn-Haltestelle. „Die Olympische“ ist hier zu Ende. Die Olympischen Spiele in München endeten am 11. September 1972 mit einer bunten Schlussfeier. Vier Jahre später fanden sie dann im kanadischen Montreal statt. Dort könnten wir ja auch mal 10.000 Schritte gehen. Nur mal so als Idee.

Top 5 auf dieser Route

1.
Zeltdach

Transparent sollte das Dach sein, um tadellose Fernsehbilder zu ermöglichen. Deshalb fiel die Wahl auf vier Millimeter dicke Acrylglasplatten, die in einem riesigen Stahlnetz montiert wurden. Vorbild dafür war der deutsche Pavillon für die Weltausstellung in Montreal 1967, entworfen vom Architekten Frei Otto.

2.
Olympiasee

Angeblich war geplant, den See, der sich aus dem Nymphenburg-Biedersteiner Kanal sowie dem Regenwasser der Zeltdächer speist, nach den Spielen in einen Parkplatz umzuwandeln. Zum Glück kam es anders, was im Sommer zahlreiche Tretbootfahrer und Freizeitruderer erfreut. Ein Badesee ist der Olympiasee allerdings nicht.

3.
Corporate Design

Das unverwechselbare Erscheinungsbild der Spiele 1972 ist vor allem Otl Aicher zu verdanken. Er entwarf Uniformen, Programmhefte und Plakate und ein innovatives grafisches Leitsystem, die Piktogramme. Sein fröhliches Farbkonzept schloss bewusst Rot und Schwarz aus. Nichts sollte an die Farben der Nationalsozialisten erinnern.

4.
Olympisches Dorf heute

Gut 7.000 Menschen leben im Olympischen Dorf, und wer einmal hier wohnt, will nicht mehr weg. So finden die meisten Umzüge innerhalb des Dorfes statt. Schließlich gibt es hier eine gut ausgebaute Infrastruktur mit Geschäften, Gastronomie, Kindergärten, Grundschule und Ärzten, dazu die U-Bahn in die Innenstadt.

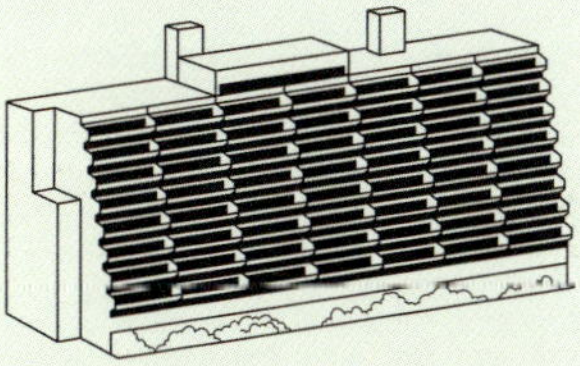

5.
Bungalows im Frauendorf

Ein eigenes Reich auf einer Wohnfläche von 18,8 Quadratmetern, verteilt auf zwei Etagen samt Dachterrasse – das bieten die meisten der 1052 Minihäuser des Studentenwerks ihren Bewohnerinnen und Bewohnern. Lustigerweise haben alle Bungalows eine gemeinsame Postanschrift: Connollystraße 3.

05

Quer durch die Fröttmaninger Heide

Die Weite

05

Viel Himmel über uns. Viel Aussicht vor uns. Viel Natur um uns.

Charakter der Tour
Kaum zu glauben, dass es so nah an der Stadt noch so große und weite Landschaften gibt. Mit einer kleinen Brotzeit und der richtigen Kleidung ist diese Tour bei jedem Wetter ein Erlebnis.

NATUR
STADT
RUHE
BUGGY
GASTRO

VERKEHRSANBINDUNG
Start: Haltestelle Fröttmaning, U6
Ziel: Haltestelle Dülferstraße, U2, Bus 60, 141 und 172

Eine Weite, wo der Himmel groß ist und der Wind bläst. Eine Weite, in der man einfach mal stehen bleiben und schauen kann, ohne gleich irgendetwas entdecken zu müssen. Solch eine Weite ist in der Stadt doch kaum zu finden. München und seine unmittelbare Umgebung sind dafür zu eng bebaut. Es gibt einfach keine Weite. Aber gegen mögliche Mangelerscheinungen gibt es im Norden der Stadt ein Stück Natur, das uns kurzfristig mit etwas Weite aushelfen kann.

Als wir in **FRÖTTMANING** (1) aus der U6 steigen, haben wir das Gefühl, dass wir hier richtig sind. Eine seltene oberirdische Haltestelle der U-Bahn mit einer sympathisch futuristischen Dachkonstruktion und schier endlosen Gleisen lässt uns trotz aller Urbanität schon mal gleich freier atmen, und nach nur wenigen Schritten und einer Glastür stehen wir unmittelbar am Rand der Fröttmaninger Heide. Von ihr und der Panzerwiese jenseits der Ingolstädter Straße holen wir uns unsere heutige Dosis Weite.

Wir wählen links den leicht absteigenden Weg, der uns direkt zum „HeideHaus" bringt, der Eintrittspforte zur Fröttmaninger Heide. Gut informiert über Flora und Fauna, wählen wir rechts vom **HEIDEHAUS** (2) den Schotterweg und betreten dieses seit 2016 ausgewiesene Naturschutzgebiet durch zwei alte Torpfosten. Ein paar letzte Stücke Stacheldraht hängen daran und erinnern uns an die frühere Geschichte dieser Heide. Nur wenig später bezeugt das auch ein großes

NEUHERBERG
HASENBERGL
AM HART
FRÖTTMANING
1
2
3a
3b
4
5
1:30.000
0 250 500 750 1000 m
N
W
O
S

Rostige Geschichte: Nur wenige Überbleibsel erinnern an die einstige Nutzung dieses Landstrichs.

Warnschild an einer Wegkreuzung: Das flache, kaum bewaldete Gebiet war seit Mitte des 19. Jahrhunderts ein militärischer Truppenübungsplatz für Gelände- und Schießübungen. 1891 nahm Kaiser Wilhelm II. hier eine große Parade von Reitereinheiten und Fußsoldaten ab, die Wehrmacht benutzte das Areal für ihre irren Kriegsvorbereitungen und später für ihre Flugabwehrkanonen. Bis in die 1970er-Jahre war hier ein Standortübungsplatz der US-Armee samt kleinem Flughafen in der Panzerwiese, und anschließend übte hier die Bundeswehr. Und wieso nochmal das Warnschild? Was ist hier heute? Alles ist belastet mit generationenalter Munition und Sprengstoffresten, die teils nur wenige Fingerbreit tief in der Erde schlummern. In einem Artikel der Süddeutschen Zeitung wird die Fröttmaninger Heide als „ein Minenfeld, auf dem ein falscher Tritt theoretisch tödlich sein kann" bezeichnet. Oha. Wir bleiben also besser auf den ausgewiesenen Wegen.

Manchmal entdecken wir einen seltsam einsamen Block Beton, dann eine Art Mast, dann wieder irgendetwas anderes aus Beton. Wie deplatzierte Findlinge, die eine Flut hierhergespült hat. Und was zunächst wie ein Mix aus Kiesgrube und Mondlandschaft auf uns wirkt, öffnet sich bald nach einem Wegewirrwarr, das

wir so geradeaus wie möglich durchqueren, hin zur Weite, die wir suchen. Zwar geben uns rechts die Allianz Arena und die beiden **WINDRÄDER** **3** noch eine gewisse Orientierung, aber spätestens auf der Höhe eines idyllisch gewachsenen Kiefernwäldchens fällt es uns schwer, die Dimensionen der Heidelandschaft zu unserer Linken wirklich zu verstehen: 347 Hektar. Das ist das Maß für Landvermesser, aber wir, die Weite Suchenden, brauchen keine Zahlen.

Auf der anderen Seite des Weges haben sich einige Kiefern hinübergewagt, wir biegen hier links ab und wählen an der Verzweigung den linken Weg, etwas entfernt von den sogenannten Flak-Hügeln. Auf einem der Holzpfosten vor uns, mit dem hier manche Wege umsäumt sind, sitzt ein Sperber und überblickt sein Jagdrevier. Etwas weiter in der Ferne entdecken wir lange Metallgatter, mit denen die Schafe, die manchmal hier weiden, eingezäunt werden. Auf jeden Fall fühlt es sich hier schon mal ganz schön „weit" an. Das wollten wir ja. Wir erkennen in der Ferne die Kamine des Heizkraftwerks in Unterföhring, den Sendemast des Bayerischen Rundfunks, vor allem aber, bei klarer Sicht: die Berge.

Obwohl es auf dieser offenen Freifläche nie wirklich windstill ist, ist das zunehmende Rauschen kein natürliches Phänomen. Denn während wir ein Stück auf altem Asphalt nach Norden gehen, hören wir immer mehr den Verkehr der A99, die die Grenze dieser **HEIDELANDSCHAFT** **4** markiert. Durch das Wäldchen vor uns können wir schon die eine oder andere vorbeiflitzende Karosse erkennen, wir aber biegen gut 100 Meter zuvor an der Wegkreuzung nach links ab. Von hier aus haben wir nochmal einen tollen Blick über die Weite, eingerahmt vom Olympiaturm, links davon der BMW-Vierzylinder und noch ein kleines Stück weiter links bei guter Sicht die typisch abfallende Flanke der Zugspitze. Ein kleines Häuschen mit ein paar Parkplätzen und Sitzbänken taucht auf. Hier lassen Hobbypiloten ihre Modellflugzeuge starten. Wir setzen uns auf eine der Bänke und können uns schlechtere Orte für den Modellflug als solches und unsere Pause im Besonderen vorstellen.

Der Weg führt nun geradeaus durch ein kleines Wäldchen am Helmholtz Zentrum München vorbei. Was 1960 ursprünglich zur Kernforschung gedacht war, veränderte sich über die Jahrzehnte zum „Forschungs-

Wie aus einer anderen Welt erscheinen Windrad und Fußballarena in der Ferne am Horizont.

Im kleinen Maßstab starten hier vor allem am Wochenende aufwendig gebastelte Modellflugzeuge und drehen vor schöner Kulisse ihre Runden.

zentrum für Gesundheit und Umwelt", in dem mittlerweile über den Zusammenhang von Umweltfaktoren und Gesundheit geforscht wird. An der geteerten Straße halten wir uns links und treffen nach ein paar Minuten auf die B13, die Ingolstädter Straße. Wir überqueren diese an der Ampel und lassen sie schnell hinter uns, indem wir gegenüber buchstäblich in die Pampa gehen. Denn etwa in der Mitte der Straßenkurve geht ein, leider nicht immer gut erkennbarer, Trampelpfad ab, der sich gleich nochmal aufteilt. Wir nehmen den linken und haben es ab sofort leicht: Jetzt gehen wir 1,5 Kilometer immer nur geradeaus, über die sogenannte Panzerwiese in Richtung des recht jungen Siedlungsgebiets Nordhaide. Wir erkennen von Weitem die alten Plattenbauten des ehemals berühmt-berüchtigten Hasenbergls. Etwas links davon befindet sich seit gut 20 Jahren eine geschmackvoll pastellfarben getünchte Wohnhausansammlung, auf die wir jetzt zugehen. Es ist manchmal schon verrückt, wie man sich in Entfer-

nungen verschätzen kann. Wie etwas schon so scharf umrissen und konkret und zum Greifen nah aussieht und es dann doch nicht ist. Wir müssen wohl noch eine Weile weiter durch die Weite gehen.

Am geteerten Weg liegt die **PANZERWIESE** **5** in unserem Rücken, und wir stehen am Rand der Siedlung Nordhaide, die wir zum Abschluss noch auf uns wirken lassen wollen. Diese fast chirurgisch saubere Trennung zwischen Siedlung und Heidelandschaft hat beinahe etwas Surreales. Als befänden wir uns in einer Hafenstadt mit Blick aufs Meer. Wir gehen den Weg rechts weiter und stoßen auf eine venezianische Gondel, auf einen Holzsteg, eingerahmt von weißroten Pfosten, und einen Marmorlöwen. Ganz klar: Hier hatte noch jemand die Idee vom Meer und wollte diese halb plakativ, halb mysteriös ausdrücken.
Bald nach der Gondel aus Metall biegen wir links über ein paar Stufen in den Graslilienanger ein, dann rechts in den Sandbienenweg. Schon eine schöne Siedlung.

Am Rand der Panzerwiese sieht unser Ziel noch weit entfernt aus. Aber das wollten wir ja so.

Ganz italienisch fühlen wir uns auf der letzten Etappe, wenn am Rand des „Heide-Meers“ eine Gondel auftaucht.

Zwischen den Häusern vor uns entdecken wir eine ungewöhnliche grafische Fassade. Sie gehört zum Einkaufszentrum Mira, das hier 2008 eröffnet wurde. Wir biegen kurz vorher links in den Fingerkrautanger ein, um schon bald am Ende unserer Route zu sein. Gleich rechts nach dem Häuserblock sehen wir das Glasdach, das zur U-Bahn-Haltestelle Dülferstraße gehört. Aber irgendwie wollen wir eigentlich gerade wieder zurück in die Weite.

Top 5 auf dieser Route

1.
Fröttmaning

Das Stadtviertel mag vielen nur wegen der Allianz Arena bekannt sein, dabei ist Fröttmaning eine der ältesten Siedlungen im heutigen Stadtgebiet. Leider erinnert an das ehemalige Dorf, das ab den 1950er-Jahren der Autobahn und der Mülldeponie weichen musste, nur noch die Kirche Heilig Kreuz am Fuße des Fröttmaninger Bergs. Tipp: Vom markanten Windrad aus gibt es eine tolle Aussicht über München bis zu den Alpen.

2.
HeideHaus

Das Informations- und Umweltbildungszentrum wurde 2011 eröffnet und kann an unterschiedlichen Wochentagen besucht werden. Der Heideflächenverein kümmert sich unter anderem um die Erhaltung und Pflege der Heiden im Münchner Norden und bietet Aktionstage, Naturführungen und Workshops für alle Altersgruppen an.

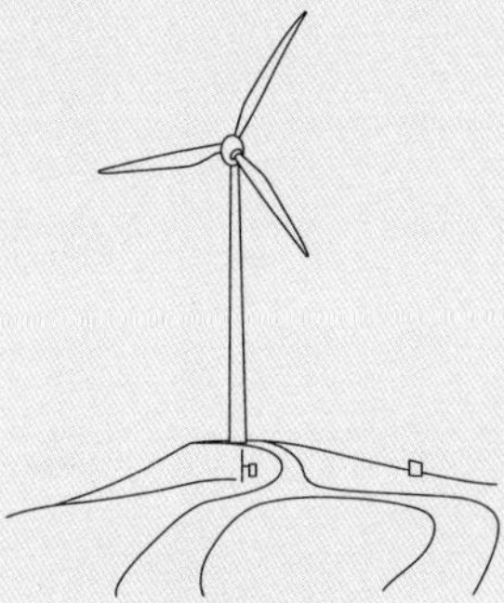

3.
Windräder

Zwei Windräder betreiben die Stadtwerke hier im Münchner Norden. Die erste Windkraftanlage steht bereits seit 1999 auf dem Fröttmaninger Berg, die zweite in Freimann kam im Jahr 2020 dazu. Ein Ausbau der Anlagen zu einem richtigen Windpark in der Metropolregion München wird derzeit diskutiert.

4.
Heidelandschaft

Charakteristisch waldfrei und mit Zwergsträuchern bewachsen, gehen viele deutsche Heidelandschaften zurück bis in die Steinzeit. Das Naturschutzgebiet Südliche Fröttmaninger Heide gehörte früher zu einer der größten zusammenhängenden Grasheideflächen Mitteleuropas und ist heute Teil des Münchner Grüngürtels.

5.
Panzerwiese

Diese 200 Hektar große Fläche zwischen Schleißheimer und Ingolstädter Straße liegt zusammen mit der Fröttmaninger Heide in der sogenannten Münchner Schotterebene. Die Panzerwiese heißt so, weil sie früher militärisch als Übungsplatz genutzt wurde. Über 180 Pflanzenarten und zahlreiche Tierarten wurden hier gezählt, von denen einige auf der Roten Liste gefährdeter Arten stehen.

06

Durch den Englischen Garten

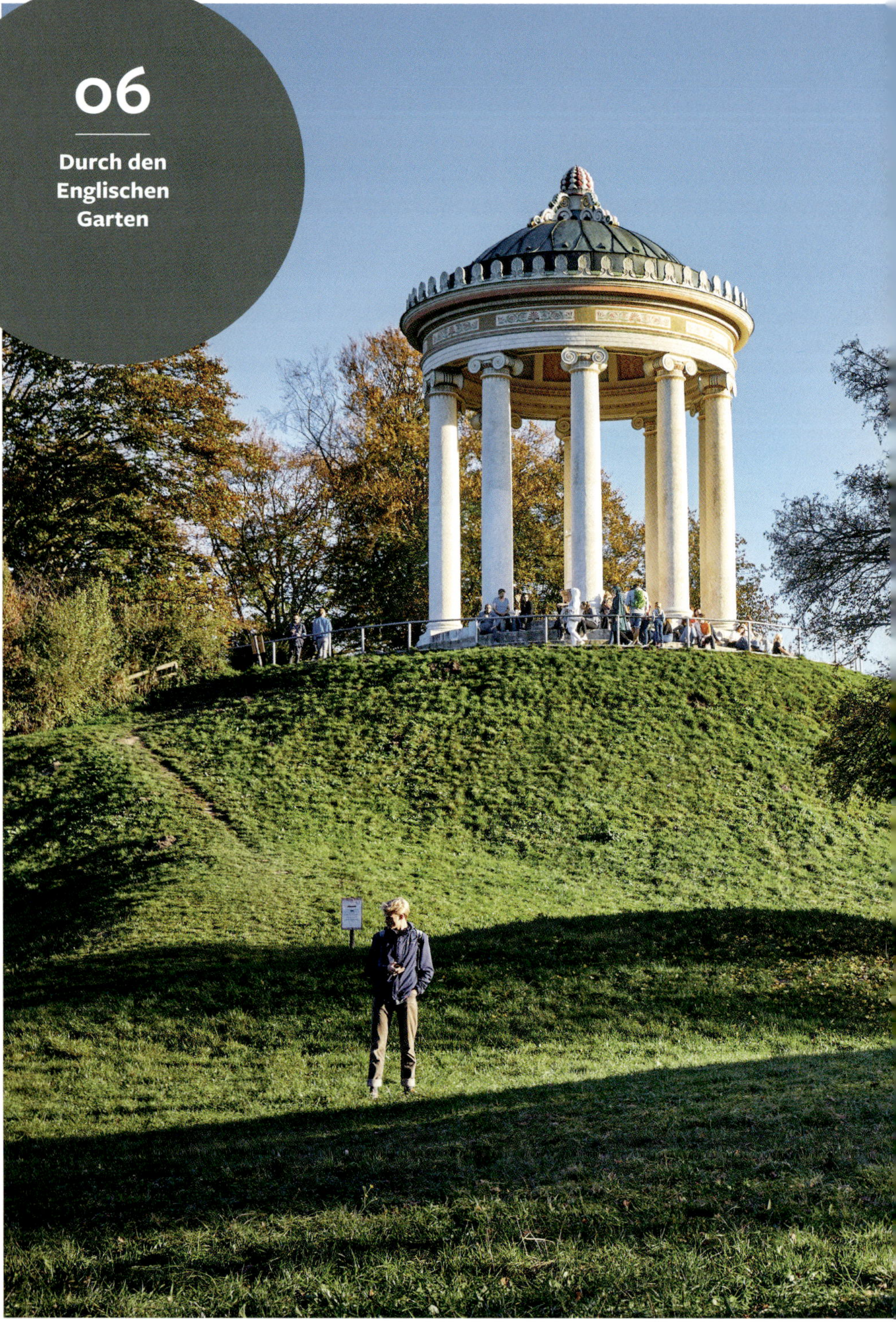

Die Lustwandelnde

06

Kluge Planungen. Schöne Entscheidungen. Tolle Wege.

Charakter der Tour

Einmal durch den Englischen Garten mit all seinen Sehenswürdigkeiten und Biergärten! Dabei können wir immer wieder wunderbar rasten und uns stärken.

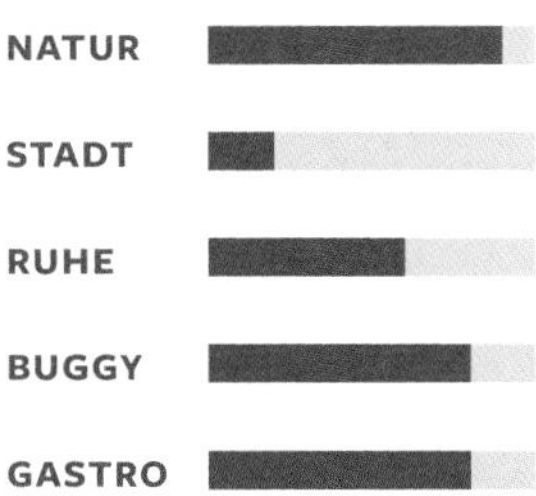

VERKEHRSANBINDUNG

Start: Haltestelle Nationalmuseum/Haus der Kunst, Tram 16, Bus 100
Ziel: Haltestelle Sondermeierstraße, Bus 181

Spazierengehen im Englischen Garten. Das klingt doch schon recht schön. Aber irgendwie nicht wirklich besonders, oder? Gerade für Münchnerinnen und Münchner ist das so – alltäglich. Aber reisen wir doch kurz zurück in der Zeit und werfen einen Blick auf die Geschichte. Um 1790 regiert in München ein pfälzischer Kurfürst namens Carl Theodor, der Bayern quasi über Nacht – und tatsächlich von beiden Seiten ungewollt – geerbt hat. Man kann viel über ihn schimpfen, aber immerhin vollbringt er zusammen mit dem aus Amerika stammenden **BENJAMIN THOMPSON** (1), dem späteren Grafen Rumford, eine Glanztat: die Umgestaltung eines kilometerlangen Geländes von den Stadtmauern aus nach Nordosten, zwischen dem Dorf Schwabing und den Isarauen. Zuerst legt man hier Gemüsegärten fürs Militär an, doch dann etwas fast Revolutionäres: einen Volkspark! Einen künstlich gestalteten und trotzdem natürlich aussehenden Park nach englischem Vorbild, in dem das Volk „lustwandeln“ soll. Lustvoll durchs Grüne wandeln, wie es sich bis dahin nur der Adel erlaubt hatte. Lustwandeln im Englischen Garten. Das klingt doch gleich ganz anders! Und wie wir auf dieser Route durch den Englischen Garten mit seinen Sehenswürdigkeiten und Denkmälern, den Kiosken und Biergärten lustwandeln werden! Wir werden so dermaßen lustwandeln – noch lustvoller und genussvoller geht es kaum.

FREIMANN
5
HIRSCHAU
SCHWABING
OBERFÖHRING
4
HERZOGPARK
3
BOGENHAUSEN
1:30.000
0 250 500 750 1000 m
N
W
O
S
2
1

Win-win-Situation: Während sich die Schafe quer durch den Englischen Garten futtern, wird der Rasen dabei auch gekürzt und gedüngt.

Die Surferwelle: Mit Sicherheit eins der meistfotografierten Motive in München. Ist aber auch zu spannend, um nicht zuzuschauen.

Wir steigen aus dem 100er-Bus an der Haltestelle Nationalmuseum/Haus der Kunst aus. Beide Gebäude erkennen wir jeweils zu unserer linken und rechten Seite, besuchen werden wir sie aber ein anderes Mal. Stattdessen bestaunen wir von der Brüstung aus das Können der **SURFER** **2**. Das Wasser alter Stadtbäche lässt hier die stehende Eisbachwelle entstehen. Zwischen der Brüstung und unserer Bushaltestelle beginnt ein Schotterweg, und sobald er sich aufteilt, folgen wir ihm nach rechts, entdecken einen ersten Kiosk und können auf der Wiese gegenüber des „Menschenfreundes" Rumford gedenken. Von der Rückseite des Denkmals aus gehen wir querfeldein über die Wiese, hinüber zu den Sportstätten und zum Spielplatz, und von da an wieder weiter auf dem Weg. Wir überqueren den Eisbach, biegen aber nicht gleich nach der Brücke, sondern erst ein paar Schritte später rechts ab. Hier verästeln sich mehrere Wege. Wir wählen den breitesten rechts – offiziell die „Carl-Theodor-Straße" –, den wir zwar manchmal mit Fahrradfahrern teilen, dafür aber eine ganze Weile nicht mehr verlassen müssen. Hier ist so manche Sichtachse einfach nur schön, sei sie von Menschenhand geplant oder über die Jahrhunderte gewachsen: durch die Bäume hindurch, über die Wiesen und hinüber zu den Türmen der Ludwigskirche.

Nur Busse dürfen hier durch den Englischen Garten fahren.

Ein Schild kündigt bereits den berühmten Chinesischen Turm an. Noch wollen wir aber aufpassen, um wegen des dichten Baumbestands nicht den **MONOPTEROS** **3** links von uns, dieses griechisch anmutende Rundtempelchen auf einem künstlich aufgeschütteten Hügel, zu übersehen. Nur ein kleines Stück weiter taucht etwas entfernt rechts eine halbrunde Bank aus Stein auf, wo wir eingemeißelt lesen könnten: „Hier, wo ihr wallet, da war sonst Wald nur und Sumpf." Da haben wir sie wieder, die Erinnerung an die Geschichte.

Wir passieren die Gebäude der Verwaltung des Englischen Gartens und spazieren nur wenige Augenblicke später rechts mitten durch den sehr populären **BIERGARTEN** **4** am Chinesischen Turm. Dieses markante, einer chinesischen Pagode nachgestaltete Bauwerk war früher ein Aussichtsturm. Mehrfach abgebrannt und wiederaufgebaut, wird der Turm heutzutage nur ab und an von der Blasmusik bestiegen. Nach den Bierbänken und Gastronomiehäuschen nähern wir uns der Bushaltestelle Chinesischer Turm und überqueren die Straße, die nur für den Busverkehr zugelassen

ist. Gleich hinter dem Bushäuschen tauchen wir wieder ein in eine Idylle aus Wegen, sanften Bachverläufen und purer Natur. So lässt sich doch gut lustwandeln.

Als der Weg sich teilt, ist es egal, welche Seite wir nehmen. Beide führen uns zu einem Kiosk an der Stelle, wo der Schwabinger Bach den Kleinhesseloher See speist. An der Brücke mit dem schönen schmiedeeisernen Gitter biegen wir links in den Seeweg ab und genießen bald vor uns die sich öffnende Weite der gegenüberliegenden Werneckwiese und des Sees mit seinen kleinen Inseln. Wir statten der Steinsäule, die kurz vor dem Seehaus Biergarten auftaucht, einen kurzen Besuch ab. Sie ehrt Friedrich Ludwig von Sckell, der als Hofgärtner im Auftrag des Kurfürsten Carl Theodor und dessen Freundes Graf Rumford letztlich den Englischen Garten gestaltete, indem er aus dem Gefühl heraus mit einer langen Harke die zukünftigen Weg- und Bachverläufe ins Erdreich furchte. Als in seiner Denkmalinschrift ein „Biedermann" erwähnt wird, erinnert uns das an die leicht überzeichnete Familie in Spitzwegs Gemälde „Der Sonntagsspaziergang" aus

Hofgärtner von Sckell, „dem sinnigen Meister schöner Gartenkunst", ist dieses herrliche Denkmal gewidmet.

eben jener Biedermeierzeit, in welcher der sich als Bürger erkennende Mensch seine Freude im Idyll, im Familiär-Privaten und eben in der Natur suchte. Auf der Rückseite des Seehauses verläuft ein geteerter Weg vorbei am Denkmal für Reinhard von Werneck, den ersten Direktor des Englischen Gartens, der unter anderem für den Bau des Chinesischen Turms und die Anlage des Kleinhesseloher Sees verantwortlich war. Jetzt biegen wir in den steil ansteigenden Fußgängerweg ein, der uns über den stark befahrenen Mittleren Ring bringt. Langjährige Pläne, diese mehrspurige Stadtautobahn hier zu untertunneln und dadurch den zweigeteilten Englischen Garten wieder zusammenzufügen, sind nie aus der Theorie herausgekommen. Die Autos werden glücklicherweise mit jedem unserer Schritte leiser und sind schon vergessen, als wir an einer kleinen Brücke einen Bach überqueren und durch die Bäume den Hirschau Biergarten erkennen. Vielleicht wäre jetzt bei all der Lustwandelei eine Pause nicht schlecht.

Tretboot oder Ruderboot, das ist die entscheidende Frage am Kleinhesseloher See.

Der eigentliche Spazierweg führt mit etwas Abstand zum Biergarten weiter nach Norden. Wir aber biegen ganz nah am Eingang in den für **PFERDE** **5** erlaubten Weg ab. Hier ist der Boden aufgelockert

HOFBRÄU

Der Nordteil des Englischen Gartens bietet Entspannung und Natur pur.

und bei Regen vielleicht etwas matschig, dafür erhaschen wir ein paar ungewohnte Perspektiven. Vor allem sind wir Lustwandler hier mit Sicherheit für eine Weile ziemlich allein.

Wir gehen weiter in dieser Richtung, eine schöne Wiese öffnet sich rechts von uns, bis wir am Mini-Hofbräuhaus scharf links abbiegen. Wir kreuzen jetzt einen Schotterweg, beim nächsten gehen wir rechts und überqueren an einer breiten Brücke mit Steinbrüstung den Oberstjägermeisterbach in Richtung Aumeister. Die anschließende geteerte Straße gönnen wir den Fahrradfahrern und nehmen selbst den rechts abzweigenden Fußgängerweg. Hier spüren wir deutlich die Unterschiede zwischen dem Süd- und dem Nordteil des Englischen Gartens. Alles wirkt hier nochmal unaufgeregter, die Natur ist nicht ganz so eindeutig inszeniert, und die Stadtnähe ist kaum mehr wahrzunehmen. Wir spazieren bald gemütlich am Bach entlang, einmal kreuzen wir wieder die Fahrradstrecke, und ein

Kein einziger Biergarten wird auf dieser Route ausgelassen. Nach der zweiten Mass heißt diese Tour dann „Die Lustigwandelnde“.

Genuss von Anfang bis Ende bieten diese 10.000 Schritte durch den Englischen Garten.

paar letzte Bäume trennen uns von einer großzügig angelegten Wiese, über der der Himmel viel Platz hat, sich zu zeigen. Im sanften Rhythmus schwingt unser Weg, mal durch Wäldchen, dann an einer Wiese entlang, bis sich nach und nach mehrere Enden der Wege verweben und wir vor uns den etwas ungewöhnlichen Durchgang beim Aumeister Biergarten finden, der das Ende des Englischen Gartens markiert.

Wie mit dem Lineal gezogen wirkt die Sondermeierstraße, die wir noch ein Stückchen nach Norden unter dem Föhringer Ring hindurchgehen. Wir überqueren einen Zebrastreifen und wählen dann besser den rechts abzweigenden Fußgängerweg, der parallel zur Straße verläuft. Als rechts von uns der Sendemast des Bayerischen Rundfunks auftaucht, allerspätestens am Spielplatz vor uns, wissen wir, dass das Lustwandeln nun zu Ende ist.

Top 5 auf dieser Route

1.
Sir Benjamin Thompson

Der US-Amerikaner, von Kurfürst Carl Theodor als Graf von Rumford geadelt, war Offizier, Politiker, Naturwissenschaftler, Erfinder – kurzum, ein wahrer Tausendsassa. Ganz nebenbei erfand er für die Versorgung von Armenhäusern und Kasernen die günstige Rumfordsuppe auf Basis von Erbsen, Graupen und Kartoffeln.

2.
Surferwelle

Seit 50 Jahren wird mitten in München gesurft. Dank einer Steinstufe staut sich das Wasser hier knapp einen Meter hoch. Ein Fotostopp an der spektakulären Eisbachwelle neben dem Haus der Kunst gehört zu den Highlights jedes München-Besuchs. Ob Sommer oder Winter, Tag oder Nacht: Hier ist fast immer etwas los.

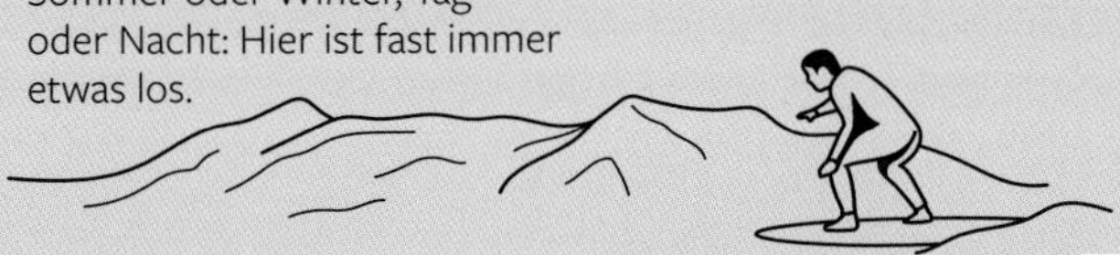

3.
Monopteros

Der Rundtempel im griechischen Stil, 1837 nach Plänen von Leo von Klenze fertiggestellt, ist ein beliebter Treffpunkt der Münchnerinnen und Münchner. Im Sommer wird auf der Wiese gefeiert, im Winter sausen Kinder mit ihren Schlitten den Hügel hinab, und von ganz oben bietet sich ein schöner Panoramablick in die Innenstadt.

4.
Biergärten

Sie gehören zu München wie das Prosit zur Gemütlichkeit. Neben vielen kleinen Biergärten verteilen sich gut 20 größere mit mehr als 1.000 Plätzen über die ganze Stadt. Seit 200 Jahren trifft man sich im Schatten der Kastanien, die Brotzeit wird selber mitgebracht. Aber eins ist klar: Getränke werden im Biergarten gekauft!

5.
Reiten im Englischen Garten

Auch zu Pferd lässt sich der Englische Garten wunderbar erkunden. Dafür wurden 12 Kilometer Reitwege – zu erkennen an der Beschilderung und den aufgelockerten Pfaden – sowie eine Reitwiese und eine Sprungwiese eingerichtet. Das Reiten ist hier kostenpflichtig, eine Reiterlaubnis der Schlösserverwaltung ist erforderlich.

07

Im Naturschutzgebiet Allacher Lohe

Die Versteckte

07

Etwas außerhalb gelegen. Eher unbekannte Gegend. Und so überraschend.

Charakter der Tour
Wir wandern durch ein kleines Juwel, ein Stück Natur, das vermutlich eher wenigen bekannt ist. Mit einer Brotzeit und zum Wetter passender Kleidung macht das Gehen noch mehr Spaß.

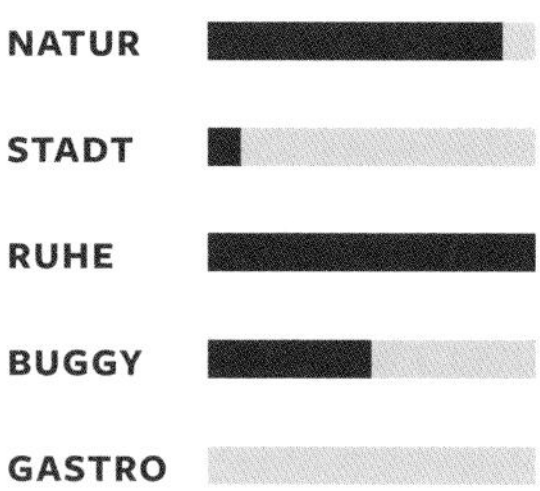

VERKEHRSANBINDUNG
Start und Ziel: Haltestelle Karlsfeld, S2

Im Stadtarchiv München findet sich eine Zeichnung aus dem Jahr 1727, die „in Alla, zwischen zwei Waldungen auf einer Wißen" einen „vollbrachten wilden Thier-Kampff" zeigt. Was sich dabei so wild und spektakulär anhört, war ein weniger wildes als vielmehr blutiges Spektakel für den Adel. Die Herrschaften konnten sich nämlich darüber amüsieren, wie in einem von Logen und Tribünen eingerahmten Feld an Stricken angebundene Hirsche „mit der Lanzen", „mit dem Pfeil" oder „mit der Pistol" erlegt wurden. Waidmannsheil. Das damalige Alla ist das heutige **ALLACH** (1), und die gemetzelten Hirsche stammten vielleicht aus dem Lohwaldgürtel, der sich damals mehrere Kilometer lang von Allach bis nach Nymphenburg zog. Heutzutage sind von den Hirschen keine und vom Lohwald – vom „lichten Wald" – nur noch ein paar Flecken übrig. Und durch einen dieser versteckten Flecken gehen wir auf unserer Route.

Mit der S-Bahn fahren wir nach Karlsfeld und nehmen den Ausgang „Zum Schwabenbächl". Hier folgen wir der Straße nach rechts, zwischen Bushaltestellen und Parkplätzen hindurch, und biegen bald in die Wilhelm-Zwölfer-Straße ab, der wir jetzt eine Weile folgen. Spätestens, als wir über stillgelegte Gleise gehen, wechseln wir zur linken Straßenseite, spazieren weiter zwischen recht netten Anwesen mit großzügigen Gärten und Gleisanlagen, unterqueren einige Brücken und schwenken nach einer kleinen Häusersiedlung links

1:15.000
ALLACH
0
250
500
750
1000 m
1
2
3
4
5
N
W
O
S

Beste Begleiter: Mit Hunden unterwegs zu sein macht einfach Freude. In der Allacher Lohe aber bitte nur an der Leine.

in die Pasteurstraße ein. Sie führt uns endlich direkt in den **LOHWALD** ❷. Wer hätte auch gedacht, dass „Die Versteckte" es uns leicht machen würde.

Nach einem letzten Parkplatz und einigen Schildern, die uns unter anderem darauf aufmerksam machen, dass es sich hier um ein Naturschutzgebiet handelt, spüren wir sofort die angenehme Atmosphäre. Als wir vor uns eine Unterführung entdecken, biegen wir rechts in einen schönen Schotterweg ab, auf dem wir ein paar Minuten lang zwischen halbhohen Bäumen und Büschen schlendern. Etwas seltsam platzierte Metallabsperrungen tauchen auf, und eine kleine Teerstraße kreuzt unseren Weg. Unser Pfad führt schräg links gegenüber weiter, wo uns eine Infotafel über die Allacher Lohe – diesen „Münchner Naturschatz" – informiert. Auf den ersten Blick wirkt es vielleicht übertrieben, wenn von der Schwalbenwurzwanze oder der blauflügeligen Ödlandschrecke die Rede ist. Aber wenn wir uns einmal auf den Gedanken einlassen, dass alles eins ist, die Flora, die Fauna und alles drumherum und wir mittendrin; dass alles ein einziger zusammenhängender Kosmos ist, samt Wanzen und Ödlandschrecken: Dann freuen wir uns über diesen Gedanken. Genau wie die Hummeln über den **FRANSENENZIAN** ❸. Links von uns ist die „magere Haide", die auch auf dem Schild erwähnt wurde, dahinter erkennen wir aber durch die Birkenstämme Waggons und Gleisanlagen. Plötzlich rauscht zu unserer Rechten Autoverkehr vorbei. Wo sind wir denn hier? Gerade waren wir doch noch im Naturschutzgebiet.

Die Gleisanlagen sind die ersten Zeichen des Rangierbahnhofs München Nord, einer verwirrenden, mehrere Dutzend Gleise breiten, völlig eigenen Welt aus Schienen, Schranken und Waggons, wo Güterzüge geparkt und deren Wägen aufgeteilt und neu zusammengestellt werden. Wir werden das später noch besser sehen. Seit 1991 gibt es den **RANGIERBAHNHOF** ❹ hier, und als er gebaut wurde, gingen Anwohner und Naturschützer auf die Barrikaden. Einzigartige Biotope

wurden für immer zerstört, städteplanerisch wurden zweifelhafte Entscheidungen gefällt, und der damalige Oberbürgermeister Kronawitter selbst nannte den Bau eine „Jahrhundert-Todsünde". Der Rangierbahnhof wurde trotzdem gebaut. Dann, in den letzten Jahren, gab es immer wieder Nachrichten, dass die Bahn die Anlage stilllegen wird. Rentiert sich wohl alles nicht.

Die Ludwigsfelder Straße verläuft rechts von uns, und von ihr kommt auch der Autolärm. Manchmal ist aber aus dieser Richtung noch etwas ganz anderes zu hören: Panzerketten. Denn nur gut 300 Meter Luftlinie von uns entfernt ist der Hauptstandort von Krauss-Maffei. Das Rüstungsunternehmen mit Umsätzen weit jenseits der Milliarde ist hier einerseits regionaler Arbeitgeber, andererseits Verursacher unglaublicher Belastungen mit Lärm und Erschütterungen durch eine Panzer-Teststrecke. Diese hier wurde vor 60 Jahren gebaut. Ohne Genehmigung, da es noch keiner Genehmigung bedurfte. Heutzutage klagen und beklagen sich die Anwohner, Arbeitnehmer und das Unternehmen halten dagegen. Gerade wünschen wir uns, sie würden dort Dreiräder und Kinderwippen bauen. Dann wäre vieles friedlicher.

So abgeschieden ist ein Spaziergang eine Wohltat.

Der Weg führt uns zunächst an einem Wall entlang und dann hinauf, und als wir die Brücke vor uns betreten, bekommen wir einen ersten Eindruck vom Rangierbahnhof. In mehreren Kurven schlängelt sich die Straße weiter über eine zweite Brücke, an deren Ende wir links in einen Fuß- und Radweg abbiegen, der uns zur dritten Brücke bringt, von der wir die Dimensionen dieser enormen Anlage auf uns wirken lassen können. Am einfachsten zu deuten ist die Skyline im Osten mit den Highlight Towers am Mittleren Ring, den hellen Bauten des Olympischen Dorfs, dem BMW-Vierzylinder, dem Olympiaturm und dem Hochhaus Uptown München. Wenn wir uns weiterdrehen, sehen wir bei gutem Wetter die Berge. Die Gleise aber vor, hinter und unter uns, dieses verflochtene Wirrwarr aus Eisen – das alles ist uns ein Rätsel.

Der Rangierbahnhof und die Münchner Skyline im Hintergrund bilden einen Kontrast zum ruhigen Lohwald.

Nach der Brücke teilt sich der Weg, und wir gehen links. Während uns der Schotterweg leicht abwärts führt, können wir durch die Bäume eine Wasserfläche erkennen. An der nächsten Möglichkeit biegen wir rechts ab und gelangen so zum „Hundesee“, der offiziell gar nicht so heißt und der seltsamerweise oft erwähnt wird, wenn es darum geht, wo Hund schwimmen darf. Aber nochmal zur Wiederholung: Die Allacher Lohe ist ein Naturschutzgebiet, und im **LANDSCHAFTSSEE ALLACHER LOHE** **5** ist es weder für Mensch noch für Hund erlaubt zu schwimmen. Entstanden ist dieses Biotop übrigens durch den Aushub von Kies, der für den Bau des Rangierbahnhofs benötigt wurde. Die Grube füllte sich mit Wasser – fertig. So bekam man gleichzeitig einen Löschwassersee, falls es am Rangierbahnhof brennen sollte.

Wir gehen ein paar Meter zurück und wenden uns dann nach rechts, spazieren ein Stück weiter zwischen Heidelandschaft und Ackerflächen, um dann in einem einzigartigen Lohwald aus Buchen, Birken und Eichen zu verschwinden. Eine Weile gehen wir eng eingebettet zwischen großen und kleinen Bäumen immer geradeaus. An einer Weggabelung bleiben wir links, um an der nächsten Wegkreuzung wieder links abzubiegen, vorbei an einer alten Holzbank und noch tiefer hinein in die Natur. Einmal teilt sich unser Pfad wieder auf, und wir entscheiden uns auch hier für den linken Abzweiger. An der „Oberen Allee“, einem recht breiten Weg in Nord-Süd-Richtung, biegen wir links ein, und nach nur ein paar Schritten verlassen wir den Weg wieder nach rechts. Am weiß-rot markierten Hydranten schnaufen wir beruhigt durch, denn hier kann man sich schon mal verlaufen. Eine gute Weile geht es nur geradeaus, wieder an einer Holzbank vorbei, und als ein zweiter Hydrant auftaucht, bleiben wir auf dem schmaleren Weg vor uns, obwohl man auch links einschwenken könnte. Gerade stellen wir uns vor, wie es hier wohl im verschneiten Winter ist. Bestimmt eine tolle Wanderung.

Die Zivilisation scheint weit entfernt, wenn man auf laubbedeckten Wegen durch den Wald schlendert.

Es geht weiter geradeaus auf einem nur meterbreiten Weg, dann wird es kurz kompliziert: Eine Gabelung mit mehreren Abzweigungen taucht auf. Für einen Moment fühlen wir uns an Hänsel und Gretel erinnert. Glücklicherweise wissen wir, dass sich nicht weit zu unserer Linken der Bahndamm befindet. Wir entscheiden uns, am dunkel-morschen Baumstumpf vorbei – den dürfte man auch im Winter gut entdecken – nach links zu gehen, und siehe da, plötzlich taucht der erhoffte Hauptweg auf, der uns aus der Waldung wieder in die Zivilisation führt. Wir spazieren die gleiche Strecke zur S-Bahn zurück, zwischen Gleisen und Eigenheimsiedlung, und schon nach ein paar Kurven ist der Lohwald aus den Augen, aus dem Sinn. Hat sich wieder versteckt.

Top 5 auf dieser Route

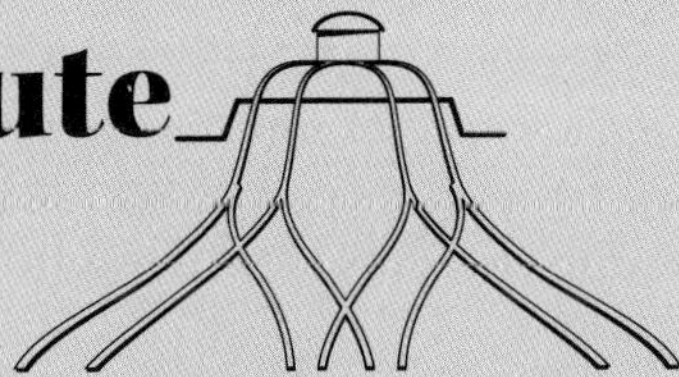

1. Allach

„Ahaloh“, der Wald am Wasser, wurde schon 774 urkundlich erwähnt. 1938 wurde das an der Bahnlinie gelegene Allach zusammen mit Untermenzing eingemeindet. Die Dichte an Industrie- und Gewerbeflächen ist hoch, doch andererseits locken das Naherholungsgebiet Allacher Forst und ein hübscher alter Dorfkern.

2. Lohwald

Als Lohwald oder Lohe, vom mittelhochdeutschen „lôch“, bezeichnet man einen Wald mit nicht zu dichtem Baumbestand – einen „lichten Wald“. Oft entwickelte sich ein Lohwald mit der Zeit zum Eichen-Niederwald, weil die Rinde dort wachsender junger Eichen für Lohgerber die wichtigste Zutat ihres Handwerks war.

3. Fransenenzian

Der Gewöhnliche Fransenenzian ist beim Spaziergang durch die Allacher Lohe, insbesondere entlang der kleinen Heide westlich des Landschaftssees, leicht an seiner blau-violetten Farbe und den wimpernartigen Fransen der Blütenblätter zu erkennen. Er steht auf der Roten Liste der gefährdeten Arten.

4. Rangierbahnhof Nord

Hier werden Güterwagen umgeschlagen und neu zusammengestellt, anschließend fahren viele der Züge weiter nach Österreich und Italien. Die Anlage des gewaltigen Bahnhofs führte damals zu großem Protest. Die zerstörte Naturfläche wurde in den Folgejahren immerhin zum Teil wieder ersetzt.

5. Landschaftssee Allacher Lohe

Der sogenannte Ludwigsfelder See oder auch Hundesee gehört zum Münchner Grüngürtel und liegt im Naturschutzgebiet Allacher Lohe. Zum Schutz von Flora und Fauna ist das Baden verboten, auch für Hunde – wenngleich der inoffizielle Name anderes vermuten lässt. Es gilt Leinenpflicht. Wuff.

08

Von Pasing nach Aubing

Die Wildwestliche

08

Bekannte Stationen. Wiederentdeckte Orte. Neue Grenzen.

Charakter der Tour
München dehnt sich aus und verschiebt seine Grenzen. Alte Siedlungen werden dabei verschluckt und vergessene Brachen neu belebt. Eine Tour für Entdecker und Neugierige.

NATUR

STADT

RUHE

BUGGY

GASTRO

VERKEHRSANBINDUNG
Start: Haltestelle Pasing, zahlreiche S-Bahnen, Tram 19, zahlreiche Buslinien
Ziel: Haltestelle Neuaubing, S8, Bus 267

Die USA sind ein querliegendes Schnitzel mit New York rechts oben und Los Angeles links unten. In der Mitte der rechten Hälfte – dort, wo die Zitrone liegt – befindet sich St. Louis am Mississippi. Im 19. Jahrhundert lag hier die „Frontier", die Grenze zum unerschlossenen Wilden Westen. Unser St. Louis heißt Pasing, die Würm ist unser Mississippi. Und was hier am westlichen Stadtrand von München vor einigen Jahren noch freies Land oder Ackerfläche zwischen westlichen Vororten war, ist jetzt besiedelt, bebaut oder wird gerade erschlossen. München muss sich ausdehnen, und die „Frontier" verschiebt sich.

Die S-Bahn bringt uns zum Pasinger Bahnhof, wo wir erst im Hinausgehen bemerken, wie viel schöne alte Bausubstanz aus Gusseisen und Backstein hier noch zu sehen ist. Bereits in den 1840er-Jahren entstand hier ums Eck ein erster Bahnhof für die **ZUGVERBINDUNG VON MÜNCHEN NACH AUGSBURG** **1**. 1873 wurde dieses heute unter Denkmalschutz stehende Gebäude eröffnet. Wir gehen vom großzügigen und mit interessanten Häuserfassaden umgebenen Vorplatz aus einige hundert Meter rechts weiter, bis wir am Zebrastreifen die Emil-Neuburger-Straße überqueren, um dann auf Höhe der kleinen Brücke über die Kaflerstraße in einen schmalen Fußweg gegenüber zu wechseln, der eine Weile am Pasing-Nymphenburg-Kanal entlangführt. Als sich die Grünanlage parkähnlich weitet, wenden wir uns nach rechts und gelangen zur Würm, die hier ein herrlich frischer Bach ist.

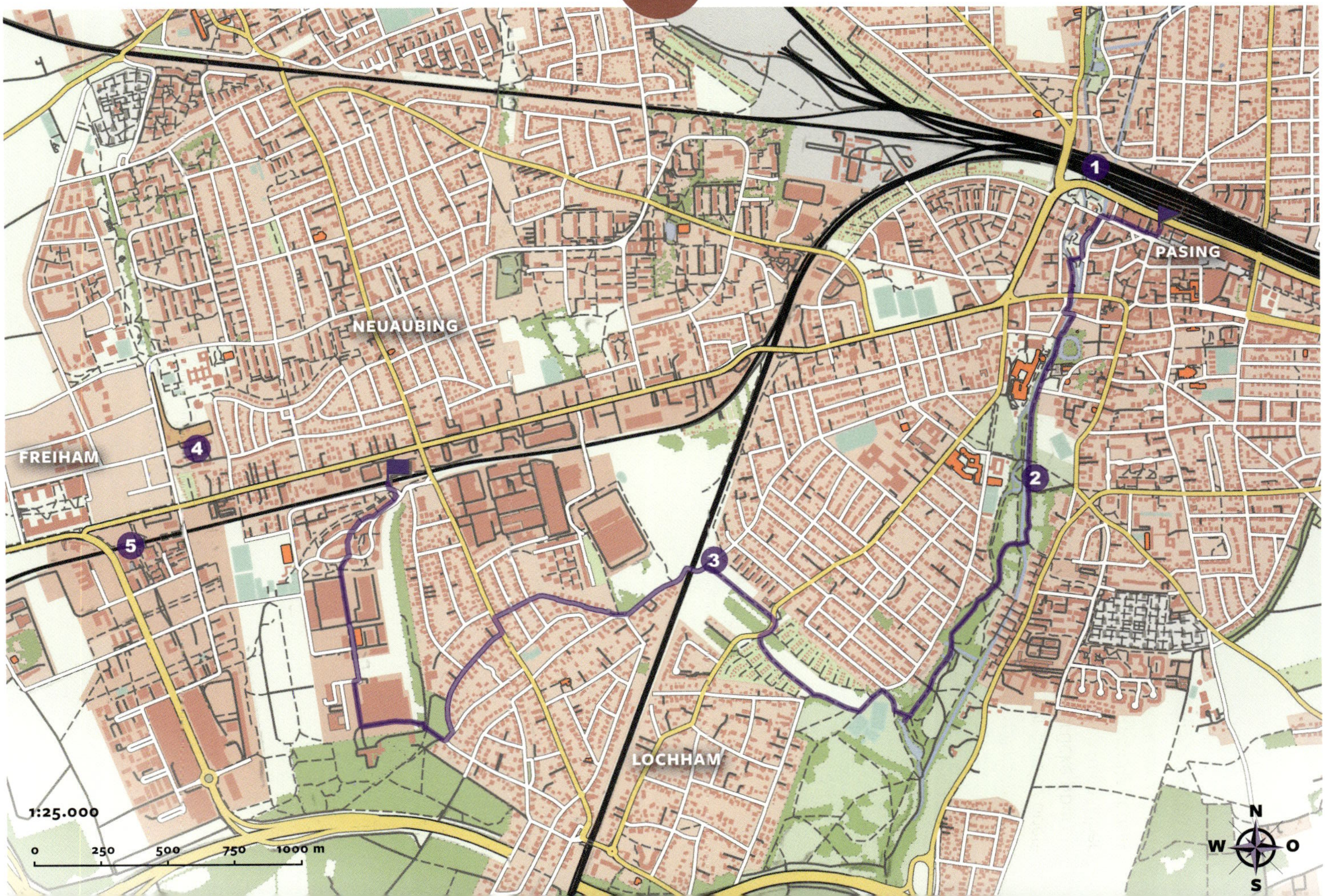

NEUAUBING
FREIHAM
PASING
LOCHHAM
1
2
3
4
5
1:25.000
0
250
500
750
1000 m
N
W
O
S

Das alte Schleusenwärterhäuschen thront idyllisch zwischen Würm und Nymphenburger Kanal.

Die Würm ist der Abfluss des Starnberger Sees, der früher „Würmsee“ hieß. Über Gauting, Krailling, Planegg und Gräfelfing mäandert sie langsam nach Norden, nach Pasing wird ein Teil des Wassers in den Pasing-Nymphenburg-Kanal abgezweigt, mit dem das Schloss Nymphenburg versorgt wird, und weiter im Norden bei Karlsfeld dann das gleiche Spiel: Wasser wird in einen Kanal abgezweigt, mit dem man die Schlossanlage Schleißheim beschickt. Die endgültige Mündung der Würm liegt am nördlichen Rand Dachaus, wo der Fluss in die Amper fließt.

Wir spazieren nach der kleinen Brücke links, werfen noch einen Blick in die Johann-Nepomuk-Kapelle, bleiben aber dann nicht auf diesem Weg, sondern wählen den parallelen durch die Unterführung. An der Institutsstraße sehen wir links einen Fußgängerübergang, bei dem wir in „Am Wasserschloß" einbiegen. Hier rechts zeigt sich gleich die ehemalige Hallermühle mit ihrem halb industriellen, halb wohnlichen Charme. Links, jenseits des langen Holzzauns, ist ein Wäldchen, das bei näherem Hinsehen einen fast kreisrunden Wasserring mit einer Insel in der Mitte erkennen lässt, auf der schon im 12. Jahrhundert ein kleines Schloss und später ein noch schöneres spätgotisches gestanden haben muss. Nachdem alles abgebrochen war, wurde um 1850 ein Bierausschank eingerichtet, an den das noch existierende Gebäude erinnert. Für uns geht es bierlos an der Kirche Mariä Geburt vorbei und immer weiter geradeaus, hinein in den „Pasinger Stadtpark".

Links von uns tauchen mal moderne Fitnessgeräte auf, dann wieder eine alteingesessene **EISSTOCKBAHN** **2**, an der die Schützen am Sonntagvormittag ihre Stöcke flitzen lassen. An einer Gabelung wählen wir den rechten Weg, gehen nach einer Weile auf einer kleinen Metall-Brücke über die Würm, dann geradeaus und immer weiter durch diese entspannte Natur mit ihrer herrlichen, teils irre hohen Mischbewaldung. Rechts von uns plätschert ein weiterer Würmkanal, und nachdem wir diesen auf einem kleinen Steg mit Metallgitter überquert haben, müssen wir uns ganz eng an einem dicken Baum vorbeischlängeln, um auf unserer Route zu bleiben. Eine kleine Lichtung taucht links von uns auf, und bald ist ein sympathischer Weiher zu sehen, auf dessen Bank wir eine kleine Rast machen können.

Nach einem leicht ansteigenden Weg öffnet sich jetzt der Park. Hier biegen wir rechts ab und gehen in einer lang gezogenen Kurve an der großen Wiesenfläche entlang, damit wir gegenüber an der Weggabelung weiter Richtung Lochham wandern können. An den weißroten Wegpollern gehen wir rechts, weiter entlang der Kleingartensiedlung, passieren einen kleinen Spielplatz, um dann an der Maria-Eich-Straße auf Höhe eines kleinen Parkplatzes die Straße zu überqueren.

Adieu Alltag: Der Pasinger Stadtpark lädt zu jeder Jahreszeit zum erholsamen Spaziergang ein.

Scheinbar endlos führt uns mancher Weg immer weiter an den Stadtrand.

Nach nur ein paar hundert Metern tauchen in der Ferne blaue und orangefarbene Industriefassaden auf, und wir können die „Frontier“ erahnen.

Wir stoßen auf die **PAOSOSTRASSE** **3**, über die wir zur S-Bahn-Unterführung links von uns kommen und spazieren dann weiter, bis uns das Ortsschild von Gräfelfing begrüßt. Hier biegen wir in die Michael-Öchsner-Straße ein und gehen an einem dieser typisch modernen Neubauquartiere entlang. Die Straße wird zur Voglerstraße, und wir folgen ihr, bis wir links in die Aubinger Straße abbiegen können. Nach wenigen Schritten gehen wir hinüber in die Waldheimstraße, die sich durch eine gepflegte Eigenheimsiedlung zieht. Am Straßenende biegen wir direkt in das auftauchende Wäldchen ein, gehen aber nicht auf dem gepflasterten Weg zur Linken, sondern geradeaus hinein, bis wir auf einen alten Maschendrahtzaun und einen schmalen Pfad abwärts treffen, der uns zu einer riesigen Industriebrache führt.

Hier war von 1906 bis zur Stilllegung 2001 das Bahnausbesserungswerk Neuaubing, in dem die Reparatur- und Instandhaltungsarbeiten der zunächst Königlich Bayerischen Staatseisenbahnen, danach der Deutschen Reichsbahn und schließlich der Deutschen Bundesbahn erfolgten. Wir gehen an der südlichen Wagenreparaturwerkstatt entlang, wo die Tore vernagelt und manche Scheiben eingeworfen sind. Überall erkennen wir in den Wiesenflächen Gleisstrukturen, verschiedene Poller und Umlenkrollen. Alles erinnert an frühere Zeiten. Während des Dritten Reichs war das Werk enorm erweitert worden und beschäftigte an die 2.500 Arbeiter, wovon aber etwa 800 Zwangsarbeiter waren, die in einem eigens errichteten Lager unter unmenschlichen Umständen hausen mussten. Die noch existierenden Baracken dieses ehemaligen **ZWANGSARBEITERLAGERS NEUAUBING** **4** befinden sich etwa einen Kilometer nördlich von hier zwischen Wiesentfelser Straße und Ehrenbürgstraße.

Mit öffentlichen Verkehrsmitteln wie der S-Bahn ist man ganz schnell hier draußen und fernab vom Trubel der Innenstadt. Umlenkrollen vor einem Werkstattgebäude des ehemaligen **Bahnausbesserungswerks Neuaubing** (rechts) erinnern an frühere Zeiten.

Wir biegen am Ende der Fabrikhalle nach rechts ab, folgen dem alten Teerweg und begreifen Schritt für Schritt die ursprünglichen Dimensionen des Areals. Beim Umschauen entdecken wir aber auch ganz neue Gebäude oder restaurierte alte, unverwechselbar mit ihrem rötlichen Backsteincharme und historischen Details. Offenbar tut sich hier etwas. An einem zu einer modernen Kletterhalle umgebauten Gebäude finden wir eine Informationstafel, die uns nicht nur die Geschichte des Ortes erklärt, sondern auch, dass das gesamte Gelände schon 2003 an eine Immobiliengesellschaft verkauft wurde, die es „revitalisieren“ will. Ein tolles Wort.

Zwischen weiteren alten Fabrikhallen und modernen Lagergebäuden gehen wir schnurstracks in eine Neubausiedlung hinein, die sich genau dort befindet, wo sich früher zwei Dutzend Gleise auffächerten, um Loks und Waggons in die jeweiligen Hallen zu leiten. Dementsprechend haben sich wohl auch die Architekten dieser Siedlung inspirieren lassen und alle Gebäude „hingeschwungen". Warum auch nicht. Wir suchen uns einen beliebigen Weg durch die recht gleich aussehenden Häuser und folgen dann der Fritz-Bauer-Straße, an deren Ende wir nach links abbiegen, wo wir den eigentümlich ländlichen Bahnhof Neuaubing erreichen.

Denkmalgeschützte Backsteinbauten und moderne Architektur stehen auf dem Gelände Seite an Seite.

Würden wir jetzt in die S-Bahn Richtung **FREIHAM** 5 einsteigen, also weiter Richtung Westen, sähen wir die aktuelle „Frontier" mit ihrer fast schon mathematisch aufgeteilten Landbesiedlung für Industrie und Wirtschaft, nur noch begrenzt von der A99, als wäre sie die Küste am Pazifik. Wir aber wollen zurück. Zurück aus dem Wilden Westen. Zurück an den Mississippi.

Top 5 auf dieser Route

1.
Bahnstrecke München-Augsburg

Heutzutage fährt alle paar Minuten ein Zug in Richtung Augsburg. Den Betrieb dieser Bahnstrecke ermöglichte ab 1840 die München-Augsburger Eisenbahn-Gesellschaft unter dem Vorsitz von Joseph Anton von Maffei, dessen Lokomotivwerk sich damals im Englischen Garten befand.

2.
Eisstockschießen

In München bieten zahlreiche Wirtshäuser und Biergärten in der kalten Jahreszeit Bahnen zum Eisstockschießen an.
Das Ziel des Spiels ist schnell erklärt: Es gilt, den eigenen Eisstock möglichst nah an die „Daube“, einen hölzernen Würfel, zu schlittern. Die Stöcke des gegnerischen Teams dürfen dabei gerne weggeschossen werden.

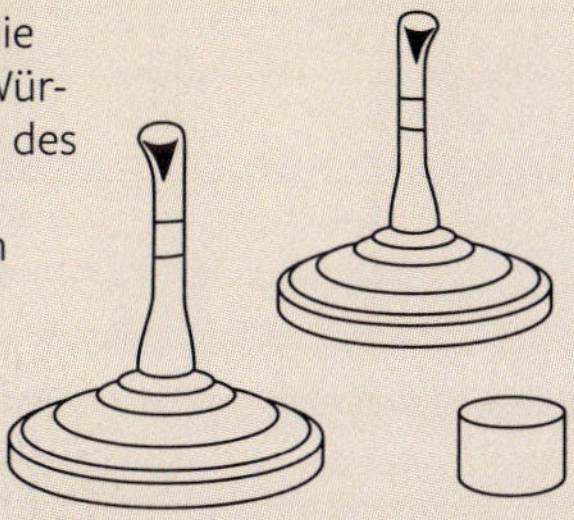

3.
Paoso

Namensforscher gehen davon aus, dass einst ein bajuwarischer Sippenführer namens Paoso im 8. Jahrhundert das Dorf Pasing gründete. Auch die Namen anderer Münchner Stadtteile mit der Endsilbe „-ing“ sollen sich auf die Gründer der Siedlungen beziehen, beispielweise Aubing (Ubo), Giesing (Kyso), Sendling (Sentilo) oder Schwabing (Swapo).

4.
Erinnerungsort Neuaubing

Die acht Baracken des ehemaligen NS-Zwangsarbeiterlagers sind noch erhalten. Das Gelände wird heute von Künstlern und Handwerkern und einer Kinder- und Jugendfarm genutzt. Durch eine Sanierung sollen die geschichtlichen Spuren des Lagers herausgearbeitet und künstlerisch dokumentiert werden, bis 2025 soll hier eine Außenstelle des Münchner NS-Dokumentationszentrums einziehen.

5.
Freiham

Am westlichen Stadtrand von München entsteht derzeit ein riesiges neues Viertel. Vorgesehen sind Wohnungen für über 25.000 Menschen, außerdem Geschäfte, Grünflächen, ein Schulcampus, ein Sportpark und ein Landschaftspark.
Ein Ausflugsziel für Familien soll das namensgebende Gut Freiham werden, dessen Anlage momentan saniert wird.

09

Unterwegs im Perlacher Forst

Die Einsame

09

Auf geraden Wegen. Zwischen dichten Bäumen. Über den Wipfeln.

In unserem beständigen Alltagstreiben und Alltagstun sehnt sich mancher Mensch – und oft gerade jener aus der Stadt – nach einem ruhigen, vielleicht sogar einsamen Ort, um einmal nur sich selbst genug sein zu dürfen. Niemandem aus dem Weg gehen zu müssen. Nur dem eigenen Schritt und Tritt verpflichtet zu sein. Und vielleicht sogar nicht mal das. Einsamkeit, gekonnt gewählt, kann pure Wellness für die Seele sein. Und wenn wir für diese Route noch einen Vormittag unter der Woche wählen, ist diese auch ziemlich garantiert. Also, auf in die Einsamkeit!

Alles beginnt mit einer U-Bahn-Fahrt zum Mangfallplatz. Von hier aus gelangen wir über ein kurzes Stück Naupliastraße gleich links in den länglichen Vollmarpark, bis wir auf die Oberbiberger Straße stoßen, der wir nach rechts folgen. Zur Linken sehen wir die Anlage des Münchner Kindlheims, an dessen Vorgängerbau aus dem 19. Jahrhundert wir auf der „Aussichtsreichen" vorbeikommen. Am Säbener Platz erreichen wir den nördlichen Rand des **PERLACHER FORSTS** (1) und wählen auf Höhe des Giesinger Waldhauses, vor über 100 Jahren der Posten des „Waldwärters", nicht die asphaltierte Strecke geradeaus, sondern den parallel verlaufenden Schotterweg. Am Januskopfbrunnen füllen wir uns die Trinkflasche auf, um nur wenige Augenblicke später nach links in den Wald einzubiegen. Zusammen mit dem Forstenrieder Park und dem Grünwalder Forst ist der Perlacher Forst ein riesiges Naherholungsgebiet

Charakter der Tour

Wer Ruhe sucht, der findet sie auf dieser Tour mit viel Natur. Wir empfehlen eine kleine Brotzeit, passende Kleidung und Wanderschuhe, denn manchmal brauchen wir einen sicheren Tritt.

NATUR

STADT

RUHE

BUGGY

GASTRO

VERKEHRSANBINDUNG
Start: Haltestelle Mangfallplatz, U1, Bus 139
Ziel: Haltestelle Menterschwaige, Tram 25

FASANGARTEN
2
HARLACHING
1
5
3
PERLACHER FORST
GROSSHESSELCHE
UNTERHACHING
N
W
O
S
1:30.000
0
250
500
750
1000 m
4

„10.000 Pedaltritte in München“ heißt vermutlich das Buch, das die beiden hier lesen.

im Münchner Südosten, dessen schachbrettartige Parzellierung und die sich daraus ergebende, teilweise über Kilometer schnurgerade Wegführung typisch sind.

Schon bald tauchen links und rechts immer wieder kleine Buchten auf, in denen uns so herrlich unaufgeregt wirkende Sportinstallationen an die Trimm-dich-Begeisterung der 1970er-Jahre erinnern. Kraft und Ausdauer. Wir sind zwar heute nicht für diesen Parcours gekommen, aber wenn gerade niemand schaut – dann könnten wir uns doch auch mal an die eine oder andere Übung trauen. Balancieren, hüpfen oder einfach baumeln lassen.

Wir überqueren den **GEISELGASTEIG** **2** „Geräumt“ (so nennt man die Wege hier), folgen unserer Route weiter, bis sie sich nach links biegt und wir am Ende ein Hügelchen mit Holzstufen als letzte Station des Trimm-dich-Parcours erkennen. Danach biegen wir scharf rechts ins nächste Geräumt ein, das uns zu einer größeren Kreuzung führt. Wir gehen rechts ein Stück auf der asphaltierten Straße, lassen die mit Stacheldraht umzäunte Schießanlage der Polizei buchstäblich links liegen und zweigen schon nach wenigen Hundert Metern ins Harlachinger Geräumt ab. Ein schöner Wanderweg, der ewig gerade dahinzulaufen scheint, wird hier umsäumt von einem intakt wirkenden Mischwald. Wir erkennen aber auch immer wieder in der Ferne die hohen **FICHTEN** **3**, die an anderen Stellen im Forst zahlreich in wirtschaftlicher Monokultur zu finden sind, gerade hier aber als einsame Riesen alles andere überragen, vereinzelt übrig geblieben nach den Sturmschäden der letzten Jahrzehnte.

Unsere Wegführung verlangt es, dass wir uns für einen Augenblick konzentrieren. Zwar würde es sich hier anbieten, noch ein Stück weiter bis zum Froschteich und zum Hirschbrunnen zu gehen, auf deren Höhe wir schon zwei überdachte Infotafeln sehen können; wir aber biegen hier ab. Rechts geht nun ein kleiner Pfad ab, der Jägersteig, nur meterbreit und teilweise eingewachsen von jungen Eichen und Buchen.

Ihm folgen wir und genießen die Nähe zur Natur, in der wir uns zwar schon die ganze Zeit befinden, aber hier fühlen wir uns noch einmal mehr mittendrin. Einmal überqueren wir das Winkelweg Geräumt und verschwinden gleich wieder gegenüber in diesem schönen Stück Wald mit seinem jungen Bewuchs und teilweise moosweichen Lichtungen zwischen hohen Stämmen.

Fast sind wir überrascht, als wir über ein paar Wurzeln ins Offene stolpern, da uns nach so viel dichter Natur der jetzt auftauchende weite Schotterweg viel zu unnatürlich vorkommt. Wir überqueren ihn schnell und gehen dafür ein wenig querfeldein über die Wiesenfläche vor uns, folgen einer nur wenig ausgetretenen Spur, die später im Jahr vom Schnee zugedeckt kaum zu sehen sein dürfte. Glücklicherweise ist die Richtung eindeutig: Wir gehen zur höchsten Erhebung im Perlacher Forst, zum Mugl.

Mugl oder Muggl:
Die Schreibweisen sind verschieden, doch der Name kommt vom althochdeutschen „Muhil" für „kleiner Berg". Und den werden wir erklimmen.

Gleich erklimmen wir diesen „Berg", doch erst suchen wir noch den Einstieg zum Aufstieg, der je nach Jahreszeit fast zugewachsen sein kann. Wir wissen aber, dass wir uns am Rand der Wiese etwas nach rechts wenden und uns durch eben diese Büsche schlagen müssen, bevor wir den schmalen Trampelpfad

Schnurgerade, teilweise über Kilometer, verlaufen manche Wege im Perlacher Forst.

nach oben entdecken. Unsere Wanderschuhe sind hier genau richtig, weil es doch ein paar ansteigende und je nach Witterung rutschige Passagen gibt, die einen sicheren Tritt und etwas Aufmerksamkeit verlangen. Einmal steil, dann wieder in leichtem Auf und Ab, wandern wir so am Kamm des Mugl entlang und wundern uns über die eigenartige Wegbeschaffenheit aus Kies und roten Ziegelstücken. Der Perlacher Mugl ist nämlich ein künstlicher Hügel aus Bauschutt, entstanden beim Ausheben des sogenannten **MCGRAW-GRABENS** 4, einer Unterführung am Mittleren Ring. Aber es ist auch kein Zufall, dass der Mugl genau hier ist. Mit dem Schutt überdeckte man eine nie abgerissene Flugabwehr- und Bunkeranlage des Zweiten Weltkriegs.

Als wir oben auf dem rundlichen Plateau ankommen, staunen wir über die Weite und die Aussicht, die über die Baumwipfel hinweg nach Süden in Richtung Berge reicht. Wir schmökern in den Infotafeln, mit denen die kleine Holzhütte ausgestattet ist, rasten noch eine Weile auf einer der Bänke und genießen unsere Brotzeit. Wir sind hier völlig allein, hören nur vereinzelt einen Vogel, ein vorbeisirrendes Insekt oder den Wind.

Wir gehen zu der Stelle zurück, an der der Weg nach oben endet, denn genau dort beginnt auch unser Abstieg mit einer nach unten verlaufenden Rechtskurve. Mit jedem Schritt wird der Bewuchs lichter, und auf der sich öffnenden Wiese halten wir uns etwas links, um so auch auf den Schotterweg zu kommen, der gleich im rechten Winkel auf das Isar Geräumt stößt, das wir von hier aus bis zum Ende unserer Route nicht mehr verlassen. Selbst wenn bald eine Asphaltstrecke diagonal kreuzt, lassen wir uns nicht ablenken, sondern schleichen gegenüber durch ein paar zugewachsene Meter, bis es wieder offener weitergeht. Nochmal: Ab hier geht es nur geradeaus, Schritt für Schritt, in unserer Wellness-Einsamkeit den eigenen Gedanken nachhängend.

Manchmal findet sich am Rand ein Stapel geschlagenes Holz, manchmal ein Vogelbeerbaum, Sträucher, Büsche, dahinter wieder Mischwald, und noch weiter hinten stehen wieder die Fichten-Riesen, teils arg kahl. So eingesäumt, spazieren wir noch über ein, zwei, drei Geräumte, bis wir Gebäude und Parkplätze ausmachen, die zur Klinik Menterschwaige, einer Einrichtung für Psychiatrie und Psychotherapie, gehören. Gegenüber erspähen wir die Bauwagen-Anlage eines Waldkindergartens. Wie es wohl ist, als Kind jeden Tag im Perlacher Forst unterwegs zu sein?

Mittlerweile befinden wir uns wieder auf einer richtigen Straße, auf der wir aber nicht allzu lange verweilen. Wir verlassen sie links an einer Straßenlaterne, um über einen Schotterweg nach ein paar Minuten die Haltestelle Menterschwaige im schönen Stadtteil **HARLACHING** **5** an der Isar zu erreichen. Von hier aus kommen wir wieder näher Richtung Innenstadt. Das ist dann das Ende der Einsamkeit.

Top 5 auf dieser Route

1. Münchner Grüngürtel

Der Perlacher Forst ist Teil des Münchner Grüngürtels, der sich auf 70 Kilometern über nicht bebaute Freiräume am Stadtrand erstreckt. Das Projekt wurde 1989 ins Leben gerufen und hat zum Ziel, stadtnahe Landwirtschaft, Erholung und Naturschutz miteinander in Einklang zu bringen.

2. Bavaria Filmstadt am Geiselgasteig

Das Boot, Die Unendliche Geschichte, Wickie und die starken Männer – auf einer Tour durch die Bavaria Filmstadt kann Filmgeschichte erlebt werden. Hier am Geiselgasteig, der an den Stadtteil Harlaching anschließt, werden seit über 100 Jahren Filme gedreht. Manche sprechen sogar vom „bayerischen Hollywood“.

3. Fichten

Bis in die 1980er-Jahre hinein prägten Fichten-Monokulturen das Bild im Perlacher Forst, was Naturschützer längst kritisch sahen. Nach zwei verheerenden Orkanen im Jahr 1990 wurde einiges verändert: Zerstörte Fichtenbestände wurden durch Laubholz-Mischwälder ersetzt, und es entstanden Totholz-Biotope, in denen die Natur sich selbst überlassen ist.

4. McGraw: Ami-Siedlung

Mit dem Ende des Zweiten Weltkriegs bis zum Abzug der US-Streitkräfte aus München im Jahr 1992 befanden sich am Perlacher Forst die Gebäude der McGraw-Kaserne. In der Nähe entstand eine typisch amerikanische Wohnsiedlung mit Einkaufsmöglichkeiten, Sportplätzen und einem Krankenhaus. Heute noch wird sie im Volksmund als „Ami-Siedlung“ bezeichnet.

5. Harlaching

Hier im Münchner Süden geht es etwas vornehmer zu. Villen aus dem frühen 20. Jahrhundert prägen das Stadtbild. Harlaching bzw. „Hadaleichingen“ wurde 1150 erstmals urkundlich erwähnt und 1854 mit gerade einmal 50 Einwohnern nach München eingemeindet. Die München Klinik Harlaching ist eine der größten der Stadt.

10

Von der Bavaria in den Westpark

Die Allegorische

10

Heimat feiern. Kunstwerke deuten. Landschaft gestalten.

Charakter der Tour
Eine vielseitige Tour mit einem abwechslungsreichen Mix aus Stadtarchitektur und Parkanlagen. Das Frühjahr oder ein sonniger Herbst sind die besten Jahreszeiten dafür.

NATUR

STADT

RUHE

BUGGY

GASTRO

VERKEHRSANBINDUNG
Start: Haltestelle Goetheplatz, U3/U6, Bus 58
Ziel: Haltestelle Holzapfelkreuth, U6, Bus 51, 151 und 167

Eine Allegorie ist eine künstlerische Darstellung, meist als Bild oder als Skulptur, die etwas im Kern Gemeintes auf eine andere Weise ausdrückt. Dabei personifiziert sie gerne, oft vage und nicht eindeutig, und verlangt uns dadurch einen gewissen Grad an intellektueller Deutung ab. Klingt kompliziert, stimmt aber. Justitia mit Augenbinde, Schwert und Waage, der Knochenmann mit Sense und Sanduhr, ein fliegender Amor mit Pfeil und Bogen sind sicherlich die bekanntesten. Dabei kann uns zwar der Verstand den Zusammenhang zwischen Gemeintem und Allegorie erklären, aber es ist das in uns ausgelöste Gefühl, das wirklich zählt. Die unvorstellbare Empfindung, die mit der Allegorie endlich eine sichtbare, vorstellbare Ausformung bekommt: Die hoffentlich gerechte Rechtsprechung wird zur attraktiven Heroin, die Angst vor dem Tod wird zum finster mahnenden Klappergestell, unser unkontrollierbarer Liebesdrang wird zum Zauber eines kurzsichtigen Engels. Wir werden vor allem zu Anfang dieser Route auf so manche Allegorie treffen und versuchen, sie zu deuten.

Wir verlassen den Goetheplatz in Richtung Mozartstraße und gehen an schicken Häusern vorbei bis zur **THERESIENWIESE** (1). Die meiste Zeit des Jahres steht die nierenförmige, aus einer Pferderennbahn gewachsene Fläche leer und wird für allerhand Freizeitaktivitäten genutzt. Während wir sie überqueren, haben wir einen direkten Blick auf die bayerische Alle-

SCHWANTHALERHÖHE
LUDWIGSVORSTADT
SENDLING
1
2
3
4
5
1:25.000
0 250 500 750 1000 m
N
W
O
S

Sweet Brown Snail: Diese Schnecke ist ein Werk der amerikanischen Künstler Jason Rhoades und Paul McCarthy.

gorie schlechthin: eine reichlich robuste, in Kleid und Bärenfell gekleidete, einen Eichenkranz schwingende und ein Schwert haltende, von einem Löwen begleitete Frau. Die **BAVARIA** 2. Von Ludwig I. gewünscht, von Schwanthaler entworfen, von Stiglmaier und von Miller gegossen. Bayern in Bronze. Patriotismus als 18 Meter hohes Standbild. Wir steigen die steilen Stufen hinauf zu ihrem Sockel, bewundern das Werk und gehen rechts an der Ruhmeshalle vorbei mit ihren Büsten von Persönlichkeiten, die aus Sicht Ludwigs I. für Bayern besonders wichtig waren. Wir kommen hoch zur Ampel und gehen hinüber zum alten Messegelände. 1908 fand hier erstmals eine „Leistungsschau" statt, später zahlreiche Verkehrsausstellungen und 1965 die allererste „Internationale Verkehrsausstellung" mit 3,2 Millionen Besuchern, ehe die Messe 1998 in die neu dimensionierte Messestadt Riem umzog. Siehe auch unsere Tour 11 „Die Geplante". Seitdem gibt es hier

noch ein Museum, Gastronomie und eine niedliche braune Schnecke. Eine Allegorie, mit Sicherheit. Wir spazieren links hinter ihr an den „Wilden Pferden" – die nächste Allegorie – vorbei in den Bavariapark, der städteplanerisch der Bavaria den Rücken freihalten sollte. Nach nur 50 Metern biegen wir erst rechts und gleich wieder links ab und gehen so in einer sanften Kurve an der großen Wiese entlang, begutachten einen Hirsch aus Bronze – vielleicht ist das diesmal einfach nur ein Hirsch –, danach die eindeutig allegorische Reiterstatue „Kraft" und die Reiterstatue „Phantasie". Anschließend verlassen wir nach ein paar weiteren Schritten den Park und sind wieder in einer ganz anderen Welt.

Das Quartier Theresienhöhe entstand um 2000 als öffentlich geförderter Wohnungsbau samt Schule und Kindertagesstätte auf dem freigewordenen Messegelände. Die lang gezogene Fläche hinter den Häuserblocks, die auf den ersten Blick nicht gleich zu

Gleich zwei Seen, der Westsee und der Mollsee, laden im Westpark zum Uferspaziergang ein. Zum Baden sind sie jedoch ungeeignet.

Asien-Flair in München: Rund um die thailändische Sala mit ihrer geweihten Buddha-Statue finden regelmäßig buddhistische Feste statt.

Das historische Bayer-wald-Haus aus dem Jahr 1747 wurde vom Bayerischen Wald hierher versetzt und samt Gärtchen und Brunnen wieder aufgebaut.

definieren ist, ist der „Quartiersplatz“, der auf einer Überdeckelung der Gleise Richtung Großmarkthalle und Ostbahnhof gewachsen ist. Von Dünen inspiriert, ist zu lesen. Keine Allegorie. Leicht ansteigend schlängelt sich danach der schmale Max-Hirschberg-Weg weiter über die Ganghoferstraße. An der „Künstlerbrücke“ überqueren wir wieder Gleise, die diesmal nach Großhesselohe führen. Dann geht es über die Hansastraße, und schon sind wir im Westpark.

Der Sommer 1983 war einer der heißesten und trockensten überhaupt, die Tagestemperaturen erreichten Rekordwerte: fast schon zu sonnige Voraus-

setzungen für die von Mai bis Oktober stattfindende „Internationale Gartenausstellung“ im eigens dafür angelegten Westpark. Fünf Jahre lang hatte man das über 60 Hektar große Areal umgebaggert, umgeschichtet, abgedichtet und umgeformt, damit man anschließend die so geschaffene Hügel-Tal-Moränen-Landschaft mit der Flora der ganzen Welt bepflanzen konnte. Und der Erfolg sprach Bände. Sagenhafte 11 Millionen Menschen besuchten die „IGA 83“. Sie spazierten entweder zu Fuß zwischen all den mediterranen Olivenbäumchen, fränkischen Rebstöcken und endlosen Blumenrabatten, oder sie bestiegen einfach die elektrische Bimmelbahn mit ihrem weißgrünen Markisendach. Klingeling. „Nächster Halt: Bahnhof Seebühne.“ Klingeling. Eine pittoreske Modelleisenbahnlandschaft in Lebensgröße. Hätte man sich das alles als Kunstwerk gedacht, es wäre eine föhnfrisierte Allegorie auf eine blumenbunte Wunschwelt gewesen.

Am Mollsee lädt ein ungewöhnliches Café mit schöner Außenterrasse und Kleinkunstbühne zum Besuch ein.

Wo wir jetzt sind, befand sich damals der Haupteingang, vor uns liegt der Mollsee, und wenn wir dem rechten Weg abwärts folgen, gelangen wir zum kreisrunden „Forum“. Hier gab es verschiedene Hallen zu

Friedensreich Hundertwasser war persönlich anwesend, als sein Hoch-Wiesen-Haus anlässlich der IGA 1983 errichtet und bepflanzt wurde.

besichtigen sowie einen Gärtnermarkt, von dem man sich noch eine exotische Sukkulente als Souvenir mit nach Hause nehmen konnte. Wir bleiben immer nah am See, zu unserer Linken erscheint die etwas hippieeske Biergarten-Szenerie am ehemaligen Seecafé, und wir bemerken in der Landschaftsgestaltung einerseits hügelig-kurvige Anleihen des Olympiaparks, andererseits die zwar von Menschenhand geschaffene, aber nach 40 Jahren gut verwachsene „Natürlichkeit", die wir aus dem Englischen Garten kennen. So gesehen fügt sich der Westpark gut ein in den Reigen unserer Stadtparks.

Der Westpark ist eh schon ein eher langer als breiter Park, doch jetzt wird er noch einmal schmäler, als wir links von einem Hügel leicht ansteigend Richtung Brücke über den **MITTLEREN RING** 3 spazieren. Nach der Brücke geht es wieder abwärts, und genau das war ein gelungener Aspekt: Bewusst hatte man das gesamte IGA-Gelände um einige Meter tiefer als die umliegende Landschaft gegraben, um sich dadurch von der Stadt und dem Autolärm talartig abzuschirmen.

Mit dem auftauchenden urigen **BAYERWALD-HAUS** 4 wird es jetzt eher regional. Am Weg, der sich ab dort immer wieder aufgabelt, wählen wir erst die linke, dann die rechte Abzweigung. Nach einer sanften Rechtskurve sind wir nun im Fernen Osten, illustriert durch einen thailändischen Sala-Pavillon, der im Westsee zu schwimmen scheint, mit einer handgeschnitzten nepalesischen Pagode, in deren hohlen Balken damals 400 Kilogramm Haschisch nach München geschmuggelt wurden – echt wahr! –, und mit einem chinesischen Garten etwas rechts von der Drogenpagode. Wir gehen hinter der Seebühne links herum, wo im Sommer in einem Freiluftkino Filme gezeigt werden, werfen aus der Ferne einen Blick auf das eindeutig nicht allegorische Kunstwerk „Terrasse" und gelangen kurz danach zu einem der arg beliebten Grillplätze. Gleich daneben steht Hundertwassers **HOCH-WIESEN-HAUS** 5.

HOCH-WIESEN-HAUS
Modell 1:20
Architecture in Harmony with Nature
Model 1:20

Nun öffnet sich die Landschaft, denn der Park hat hier gefühlt seine breiteste Ausdehnung, und vor uns erscheint ein wirbeliges Durcheinander an Wegen und Weglein, die allesamt den erhaltenen Rosengarten mit Biergarten und Wirtshaus umranken. Wir gehen direkt auf die Stelle zu, wo sich mehrere Kopfsteinpflasterpfade auffächern, biegen dort scharf links ab, um an der Hangkante nach den „Beet- und Sonnenstauden" – so hieß die Stelle im damaligen IGA-Plan – über einige Treppenstufen hoch zum Theatron zu gelangen. Nach einem in die Jahre gekommenen Kneipp-Becken sind wir wieder raus aus dem Westpark. Die Gilmstraße bringt uns zur Ehrwalder Straße und zur Haltestelle Holzapfelkreuth. Von hier aus geht es heim. Oder zur nächsten Allegorie.

Tunnelblick: Immer wieder verschwinden die Fahrzeugkolonnen auf dem Mittleren Ring unter der Erde, wie hier im Luise-Kiesselbach-Tunnel.

Top 5 auf dieser Route

1.
Theresienwiese
„D'Wiesn" verdankt ihren offiziellen Namen Prinzessin Therese von Sachsen-Hildburghausen, deren Hochzeit mit Kronprinz Ludwig, dem späteren König Ludwig I., im Oktober 1810 der Anlass für ein großes Pferderennen war. Mit der jährlichen Wiederholung des Rennens war das Oktoberfest geboren.

2.
Bavaria
Diese Statue ist ein wahres Meisterwerk aus Bronze, über 18 Meter hoch und 87 Tonnen schwer. Wer wissen will, was im Kopf der Bavaria vor sich geht, hat dazu in den Sommermonaten Gelegenheit, denn die Riesin ist begehbar. Über eine Wendeltreppe kommt man im Inneren zu einer Aussichtsplattform mit schönem Blick.

3.
Mittlerer Ring
Staureichste Straße Deutschlands, grenzüberschreitende Stickstoffdioxid-Werte, meistbefahrene Straße in München: Die Auszeichnungen für den 30 Kilometer langen Mittleren Ring, auch als B 2 R bekannt, sind wenig ruhmreich. Immerhin wurden inzwischen einige Abschnitte tiefer und in Tunnels verlegt, beispielsweise am Petuelpark oder dem Heckenstallerpark.

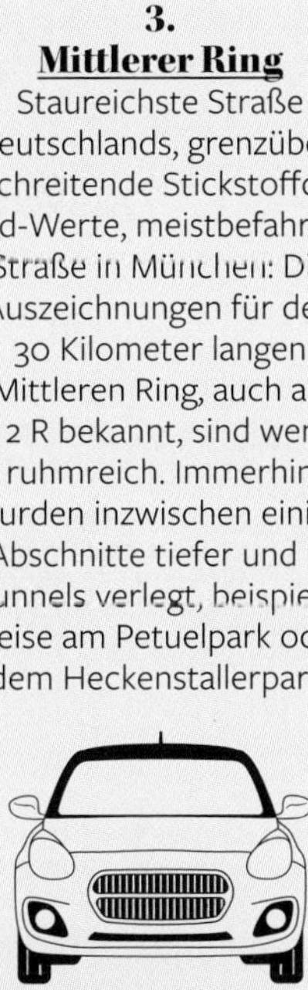

4.
Bayerwaldhaus
Das historische Bauernhaus aus dem Jahr 1747 mitsamt seinem traditionellen Garten wurde eigens für die IGA aus dem Bayerischen Wald in den Westpark versetzt. Heute ist das Bayerwaldhaus ein beliebter Treffpunkt für Freunde der Volksmusik, wo regelmäßig Veranstaltungen angeboten werden.

5.
Hoch-Wiesen-Haus
Das Modell eines Wohnhauses im Maßstab 1:20 stammt vom Wiener Künstler Friedensreich Hundertwasser und soll zeigen, wie Architektur sowohl dem Menschen als auch der Natur gerecht werden kann. Dazu äußerte er im Text „Konkrete Utopien für die grüne Stadt" seine Kritik an zeitgenössischer Architektur.

11

Zu Besuch in der Messestadt Riem

Die Geplante

11

Ein alter Flughafen. Eine mutige Planung. Ein neues Stadtviertel.

Charakter der Tour
Wir spazieren durch ein neues Stadtviertel auf dem ehemaligen Flughafengelände, das völlig neu auf dem Reißbrett konstruiert wurde. Eine außergewöhnliche Tour mit vielen Facetten.

NATUR	■■■■■□□□□□
STADT	■■■■■■■□□□
RUHE	■■■■■■□□□□
BUGGY	■■■■■■■■■□
GASTRO	■□□□□□□□□□

VERKEHRSANBINDUNG
Start und Ziel: Haltestelle Messestadt West, U2, Bus 139 und 190

München wächst, und das schon immer. Seit fast 900 Jahren wird geplant, gebaut, wieder geplant und wieder gebaut. Stadtmauer gebaut, zu klein, eine zweite muss her. Zweite Stadtmauer zu klein, abreißen. Neue Stadtviertel, neue Brücken, Fabriken, Hauptbahnhof, Straßen kreuz und quer, Flugzeuge bitte zum Oberwiesenfeld. Oberwiesenfeld zu klein, dann Flughafen Riem. Wieder zu klein, dann Flughafen im Erdinger Moos. Der wäre mit dem Transrapid in zehn Minuten zu erreichen. So war der Plan. Na ja, andere Geschichte. 1992 jedenfalls, mit dem Ende des Flughafens Riem, kam ein neuer Plan: Auf die dort freigewordene große Fläche sollte ein neues Messegelände und auch gleich noch ein ganz neues Stadtviertel kommen. Nach allen Regeln der Kunst. Städteplanerisch, infrastrukturell, architektonisch, ökologisch, familienfreundlich und überhaupt. Die **MESSESTADT** (1). Eine Musterstadt. Heute ist sie über 20 Jahre alt. Wollen wir mal schauen, was aus ihr geworden ist.

Die U2 bringt uns zur orangeroten Haltestelle „Messestadt West". Nach wenigen Treppenstufen sind wir oben. Oder zumindest auf einer Seite. Zwar geht der Blick ebenerdig zum eckigen Messesee und dem ehemaligen Flughafen-Tower in der Ferne, unser Weg beginnt dennoch nochmal eine Etage höher. Wir gehen den Treppenhang hoch mit dem Kunstwerk an der Kante, von wo aus unser Auge mal so richtig schweifen kann, denn der 10.000 Quadratmeter große

MESSE MÜNCHEN
MESSESTADT RIEM
1
2
3
4
5
1:12.500
0
250
500
750
1000 m
N
W
O
S

Der „Kopfbau" war einst die Kassenhalle der Riemer Flughafentribüne und wird heute unter anderem kulturell genutzt.

Willy-Brandt-Platz ist ein leerer, vollständig bodenversiegelter Ort. Zwar gibt es schon längst schöne Ideen mit Grün und Brunnen und allerlei, aber es hinge an der fehlenden Finanzierung, ist zu hören. Immerhin wurde 2018 der weiße Portikus über uns als letztes bauliches Teilstück fertiggestellt. Der hatte noch gefehlt.

Wir lassen die Riem Arcaden, den zentralen Einkaufsort für die Bewohner der Messestadt, zu unserer Linken und gehen an einer Parkgaragenabfahrt vorbei in Richtung Edinburghplatz. Sofort sind wir in einer nüchternen Wohnsiedlung samt sehr serieller Fassaden, sehr geraden Straßen mit sehr langen Perspektiven. Das hier ist übrigens schon Messestadt Teil 2, denn diese Gebäude wurden erst nach der **BUNDESGARTENSCHAU 2005** **2** errichtet, die am Rand der bis dahin gebauten Messestadt Teil 1 stattfand. Hier standen damals die Hallen, aus denen man die Blumen nach draußen schaffte, nachdem sich Besucher über die karge Bepflanzung eines eh sehr nüchtern ent-

worfenen BUGA-Geländes beschwert hatten. Generell gingen die Meinungen damals auseinander. Nach dem Edinburghplatz biegen wir rechts ab, um den Beginn der Werner-Eckert-Straße zu finden, die uns am nagelneuen „Bildungscampus" vorbei an der ehemaligen Flughafen-Besuchertribüne entlangführt.

Aus der Zeit der Bundesgartenschau 2005 stammen die Gärten der Potenzen, deren Abschnitte patchwork-artig aneinandergereiht sind.

Der Exerzierplatz am Oberwiesenfeld – er wäre heute nördlich des Olympiaparks – diente ab der Jahrhundertwende als erster Flughafen. In den 1930er-Jahren war klar, dass ein größerer Flughafen hermusste. Im Oktober 1939 wurde der Flughafen Riem eröffnet. Zu Beginn des Krieges starteten hier deutsche Bomber, gegen Ende schlugen die Alliierten zurück. Bald nach dem Krieg nahm der zivile Flugbetrieb seine Arbeit wieder auf, aber ständig mussten Flughafen und Rollfeld erweitert und den technischen Entwicklungen der Flugzeuge angepasst werden, bis die Ära Riem 1992 mit dem Umzug des Flughafens ins Erdinger Moos endete. Ein paar Jahre lang gab es auf dem großzügigen Areal

Alle drei Jahre werden auf der „bauma", der flächenmäßig größten Messe der Welt, Maschinen und Fahrzeuge für die Baubranche präsentiert.

Die „Schmolche“ des Künstlers Steffen Schuster schmücken eine ganze Wand in diesem Durchgang in der Helsinkistraße.

eine künstlerisch-kulturelle Zwischennutzung mit Konzerten, Veranstaltungen und Flohmärkten, bis die Bauarbeiten für die Messestadt begannen. Vom alten Flughafen Riem blieben ein paar steinerne „Andenken" übrig. Der freistehende Tower, die ehemalige Empfangshalle und vor allem diese halbrunde Zuschauertribüne, an der wir jetzt entlanggehen. Einst von den Nazis zum Angeben gedacht, heute ungeliebtes Denkmal, für das es immer mal wieder neue Pläne gibt.

Am Ende der Tribüne befindet sich der sogenannte Kopfbau. Hier war während der BUGA ein Café. Am Schotterplatz mit den einzelnen Bauminseln vor uns konnte man eine Seilbahn besteigen und Richtung Riemer See gondeln. An der Rampe gehen wir hinunter zu den „Gärten der Potenzen", die als Überbleibsel des „Zellengartens" noch an den Sommer 2005 erinnern. Wenn wir es richtig verstanden haben, war damals die Idee, durch die Bausteine des Lebens spazieren zu können. Besonders fällt uns hier das dritte Feld links auf, das mit den rötlich geschwungenen Wegen zwischen Wiesenhügelchen. Das ist der „Garten der Potenz zehn hoch minus vier", der angeblich die zigfach vergrößerte Blattunterseite einer Sumpfdotterblume darstellt. Aha.

Die schwarz-gelbe Fassade des Kinder- und Jugendzentrums Quax soll – wie so vieles hier – an den alten Münchner Flughafen erinnern.
Links lädt ein weiteres **Überblebsel der BUGA** zu abenteuerlichen Querbeet-Fahrten ein.

Der künstlich angelegte Riemer See ist bei Familien mit Kindern sehr beliebt. Doch Obacht: An manchen Stellen ist er 18 Meter tief.

Über die Treppe links gelangen wir wieder auf das Niveau der eigentlichen Bebauung und gehen einen schnurgeraden und namenlosen Weg zwischen Wohnungen und einem karierten Jugendzentrum entlang, vorbei an der fleischfarbenen Ganztags-Grundschule. Nebenbei bemerkt: Bei der Planung der Messestadt hatte man vergessen, dass hier zukünftig auch viele Kinder leben werden, und nicht an den Bau weiterführender Schulen gedacht. Der bereits erwähnte Bildungscampus samt Gymnasium und Realschule soll das korrigieren. Würden wir jetzt an der grünen Wiese links gehen, kämen wir zum baumbepflanzten und in der Nacht bei Jugendlichen sehr beliebten „Platz der Menschenrechte". Die quer im Gras verlaufenden Wege links und rechts von uns symbolisieren den Verlauf der ehemaligen Start- und Landebahn des Flughafens.

Wir biegen rechts an den Sportanlagen des ersten Schulbaus mit der Grundschule, einer Mittelschule und einem Hort, ab. Bald kreuzen im rechten Winkel schier endlose Wege und Kiefernalleen, denen wir nach Osten zum **RIEMER SEE** ③ folgen. Wenn wir nah auf der Seite des Schulzentrums bleiben, können wir auf der Spielwiese ein großes Holz-Flugzeug als Spielgerät erkennen. Allerdings ist es abgestürzt. Der Rumpf hängt auf einem Hügel, und die abgebrochenen Flügel und Wrackteile liegen in der Wiese verstreut. Gleich dahinter ist ein schräg verlaufender Weg. Vermutlich die verpasste Landebahn.

Nach einer Weile erreichen wir den künstlich abgedichteten und mit Grundwasserpumpen regulierten Riemer See, der ebenfalls im Rahmen der BUGA entstanden und seitdem ein beliebter Badesee ist. Hier gehen wir – wieder im rechten Winkel, wie irgendwie alles hier – an einer metallenen Pusteblume vorbei zu einem Steg, der uns geradeaus durch eine zweifellos reizvolle Schilflandschaft zur anderen Seite bringt. Anschließend wählen wir nicht den schmalen Pfad am Ufer, sondern den etwas höher gelegenen Weg links, vorbei an den Schaukeln. Am hüfthohen Betonrondell namens „Ort der Besinnung" halten wir uns links, dann geht es wieder geradeaus, nach den Birken scharf links, dann wieder geradeaus. So kommen wir zum Fuß des **AUSSICHTSHÜGELS** ④, den wir mithilfe der Treppe etwas links von uns oder über den längeren Serpentinenweg rechts erklimmen.

Ein großartiger Rundumblick: auf die gesamte Alpenkette, nach Osten und Norden Richtung Parsdorf, Feldkirchen, Aschheim und im Westen auf die Münchner Skyline. Zum Abstieg wagen wir uns auf den unbefestigten Trampelpfad entlang der Büsche, wo ein sicherer Tritt nötig ist. Wir könnten aber genauso gut wieder die Treppen oder die Rampe nehmen. Hauptsache, wir kommen wohlbehalten nach unten und wieder hinein in die Messestadt. Nach den Sportanlagen eines Berufsschulkomplexes biegen wir an der Astrid-Lindgren-Straße rechts ab, um dann gleich der Michael-Ende-Straße zu folgen. Die wird allerdings schon nach zweihundert Metern zur Elisabeth-Mann-Borgese-

Etwa 16.000 Bewohner leben heute in der Messestadt Riem. Die Planungen für den fünften und letzten Bauabschnitt sind in vollem Gange.

Straße. Verwirrend. Aber glücklicherweise geht es eh nur geradeaus. Alle Fassaden sind eckig, alle Wände sind weiß, alle Grundrisse im rechten Winkel und die Straßen auch. Um mal wieder etwas Abwechslung reinzubringen, gehen wir an der Georg-Kerschensteiner-Straße rechts und an der Willy-Brandt-Allee links, von wo aus wir zur Messe München hinüberschauen können, die mit insgesamt 18 Hallen und mehr als 400.000 Quadratmetern Außenfläche ordentlich Raum auch für internationale Mega-Messen wie die „bauma" mit über 3.000 Ausstellern und fast 500.000 Besuchern bietet.

Auf Höhe der Lehrer-Wirth-Straße leuchtet rechts von uns ein Kunstwerk herüber. **ROTE LIPPEN** **5** auf zwei Stelzen, die uns mittels Laufschrift etwas sagen wollen. „These shoes are fabulous." „War das nicht ein toller Tag?" Wir stehen eine Weile und lesen plötzlich: „Hast du schon die Pflanzen gegossen?" Wie ein Blitz trifft es uns. Wir müssen heim! Unsere Orchideen brauchen Wasser. Wir beginnen zu laufen. Vorbei an den Parkgaragenabfahrten mit ihren futuristischen Lüftungskaminen. Die U-Bahn wird gleich da sein.

Bis zu 22 Meter hoch ist der Hügel im östlichen Teil des Messeparks. Er bietet an klaren Tagen schöne Aussichten in die Alpen.

Top 5 auf dieser Route

1.
Die Messestadt

An diesem neuen Stadtviertel, das in mehreren Abschnitten entstanden ist, spalten sich die Meinungen. Manche loben die geradlinige Architektur, andere kritisieren das Fehlen von Geschäften und Restaurants. Im nächsten Bauabschnitt soll die Lücke zwischen der Messestadt und Kirchtrudering geschlossen werden.

2.
BUGA 2005

Alle zwei Jahre findet in einer deutschen Stadt die Bundesgartenschau BUGA statt, alle zehn Jahre die Internationale Gartenbauausstellung IGA. Für die BUGA 2005 in München wurde der Landschaftspark mitsamt dem See neu angelegt. Die Besucherzahl lag mit drei Millionen deutlich unter den Erwartungen.

3.
Riemer See

Der See mit seinen verschiedenen Uferlandschaften wurde für die Bundesgartenschau künstlich angelegt und ist an heißen Sommertagen ein beliebter Treffpunkt. Nicht nur Badegäste und Sonnenanbeter genießen den bis zu 18 Meter tiefen See – hier tummeln sich auch fette Karpfen und bunte Wasservögel.

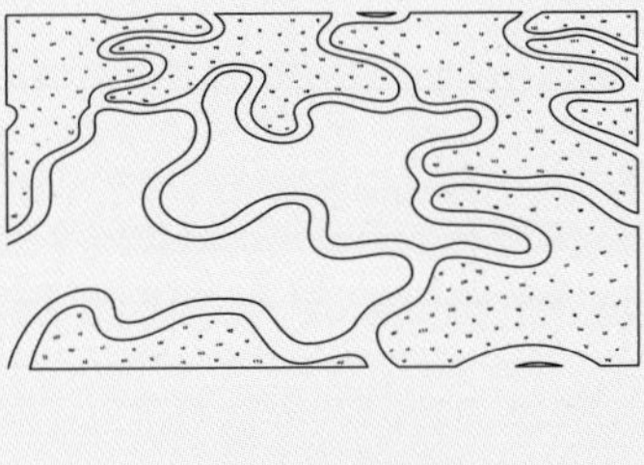

4.
Aussichtshügel

Tolle Ausblicke in alle Himmelsrichtungen bietet der 20 Meter hohe Hügel in der Messestadt. Die beeindruckende Alpenkulisse wird auf einer eigens installierten Panoramabank detailliert erklärt. In schneereichen Wintern lässt es sich hier wunderbar Schlittenfahren.

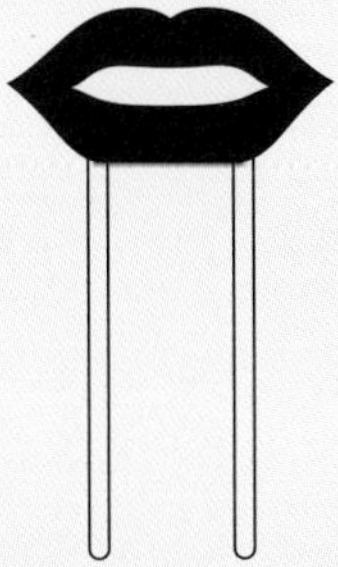

5.
Herz, Hand, Mund

Die roten Lippen sind Teil einer Installation eines Berliner Künstler-Duos. Insgesamt drei Objekte in Form von Herz, Hand und Mund, kombiniert mit digitalen Laufschriftbändern, wurden im Viertel verteilt und sollen Gefühl, Handlung und Sprache symbolisieren. So wird man zum Beispiel gefragt: „Ist der Herd noch an?“

12

Auf dem Münchner Jakobsweg

Die Pilgernde

Gesegneter Anfang. Schöner Spaziergang. Unentschiedenes Ende.

Charakter der Tour
Dieses Stück des Münchner „Caminos“ wollten wir unbedingt gehen. Mit einer Brotzeit und einer Handvoll Gedanken im Rucksack werden wir zu Pilgern.

VERKEHRSANBINDUNG
Start: Haltestelle Marienplatz, zahlreiche S-Bahnen, U3/U6, Bus 132
Ziel: Haltestelle Floßlände, Bus 135

Der Jakobsweg, der „Camino“, ist populär. Längst in Hunderten Reiseführern und Reiseberichten beschrieben, mehrfach verfilmt und selbstverständlich auch schon ver-youtubed und ver-instagramed. Manche haben ihn auf ihrer „Bucket-List“, auf ihrer Liste von Dingen, die sie im Leben abhaken müssen. Einen Strand in Thailand, ein Tattoo, Schwimmen mit Delphinen, den Jakobsweg. Dem Jakobsweg ist das alles ziemlich egal. Es gibt ihn seit gut 1.000 Jahren, er wird begangen von Millionen von Pilgern, und er und alle wissen doch am Ende: Kein Selfie spart einen Schritt, kein Video verkürzt eine Etappe und kein Like lässt eine Blase schneller abheilen. Der Jakobsweg braucht das alles nicht. Nur uns braucht er. Als Pilger, auf dem Camino nach Santiago de Compostela, zum Sternenfeld. Dorthin, wo der Apostel Jakobus begraben sein soll.

Unser Stück Camino beginnt mitten im Zentrum Münchens, nur ein paar Minuten vom Marienplatz entfernt, am **ST.-JAKOBS-PLATZ** (1). Hier gehen wir zwischen den eindrucksvollen Gebäuden des Jüdischen Zentrums München mit der Ohel-Jakob-Synagoge, dem Gemeindezentrum und dem Jüdischen Museum hindurch zum eigentlichen Beginn unserer Route: St. Jakob am Anger. Ein Backsteinbau der Nachkriegszeit, der das Kloster der Armen Schulschwestern ist und auch eine Mädchenschule beherbergt. Seit 1989 werden hier wieder in einem Gottesdienst Pilger für ihren Weg nach Santiago de Compostela gesegnet. Hinter

ALTSTADT
AU
SENDLING
GIESING
THALKIRCHEN
HARLACHING
1
2
3
4
5
N
W
O
S
1:30.000
0
250
500
750
1000 m

Werde Teil von

Gelbe Muschel auf blauem Grund: So sieht das internationale Zeichen des Jakobswegs aus. In München beginnt der Camino am Angerkloster und führt in knapp zwei Wochen bis Bregenz. Und dann immer weiter.

der modernen Jakobusstatue auf der Säule entdecken wir an der Wand das typische Muschelsymbol und dazu die Abkürzung „D.A.Y.S.I". Dios ayuda y Santiago. Sollte der Pilger auf seinem Weg verzweifeln, helfen ihm Gott und der Heilige Jakobus. Immer gut zu wissen.

Wir verlassen das Areal in Richtung Corneliusstraße, die uns erst über die Blumen- und Müllerstraße bringt und etwas später vom kreisrunden **GÄRTNERPLATZ** 2 unterbrochen wird. Das ganze Viertel zeigt die ständigen Stilbrüche des urbanen Wandels und einer schon wieder längst überholten Gentrifizierung. Hier gibt es die scheinbar seit Ewigkeiten bestehenden Läden und Geschäfte, genauso wie die schnell gealterten Bars und Boutiquen, die vor Jahren noch so angesagt waren. Alles ist patiniert mit vergilbten Aufklebern und unlesbaren Wandkritzeleien.

Sofern der Verkehr es zulässt, gehen wir geradewegs über den Gärtnerplatz, der außerhalb der Wintermonate wunderbar bepflanzt ist, und in die zweite Hälfte der Corneliusstraße hinein, die uns nach dem

Europäischen Patentamt auf die Corneliusbrücke vor uns bringt. Wir überqueren die kanalisiert-wilde Isar, bestaunen mittig das modernisierte **DEUTSCHE MUSEUM** (3) und freuen uns über die schöne Perspektive flussaufwärts Richtung Reichenbachbrücke und St. Maximilian. Am Ende der Brücke biegen wir rechts in die Frühlingsanlagen ab und wählen, weil man hier zur entsprechenden Tageszeit schnell Teil einer sich kritisch vermengenden Masse aus Fußgängern und Fahrradfahrern wird, den linken Weg, auf dem es tendenziell ruhiger ist als auf dem der Isar näheren. Kurz vor der Reichenbachbrücke nutzen wir, vorbei am steinernen Schachbrett, den Trampelpfad, überqueren an den Ampeln die Ohlmüllerstraße so, dass wir schräg gegenüber am Getränkemarkt zur Eduard-Schmid-Straße kommen. Wir wollen nämlich auf Höhe der Boosstraße durch ein Türchen im Maschendrahtzaun wieder ins Grün.

Arg beliebt: Gerade in den Sommermonaten bietet der Gärtnerplatz ein herrliches Ambiente, das viele Münchner auf ihre eigene Art genießen möchten.

So gut es geht, suchen wir die Ruhe und halten uns zunächst auf dem linken Parkweg abseits vom Isartrubel, versuchen die Statue einer barbusigen, nur lendenbeschürzten jungen Frau mit Blümchen in der Hand zu deuten, stoppen dann kurz an der darauf folgenden Ölbergkapelle und spazieren schlussendlich weiter. Jetzt aufpassen: Wo der Weg sich teilt, gehen wir am großen Stein rechts und erblicken hinter dem Zaun die Gewächshäuser und Gebäude der Stadtgärtnerei. Anschließend nehmen wir an einer Gabelung wieder den rechten Weg, überqueren das kleine Freibadbächl, gehen links am abgezäunten Spielplatz entlang, biegen jetzt rechts ab, grüßen ein steinernes Reh, kehren eventuell am Kiosk links ein, unterqueren aber in jedem Fall die verkehrsreiche Wittelsbacherbrücke. Kurz müssen wir suchen, wo genau dafür der schottrige Weg abgeht. Auf der anderen Seite geht es wieder nach oben, und wir bleiben auch jetzt auf dem oberen Weg parallel zur Städtischen Sportanlage. Im Sommer trägt manchmal der Wind den Trubel des dahinterliegenden Schyrenbads zu uns herüber.

Immer wieder tauchen Infostelen auf, die uns die Unvorstellbarkeit der Entfernungen unserer Planeten vergegenwärtigen sollen. Wir können nicht so ganz folgen, nehmen uns aber ein Nachdenken darüber ebenso vor wie den Besuch des städtischen Rosengartens, an dem wir auch vorbeikommen. Laute Güterzüge rattern über die Braunauer Eisenbahnbrücke, ein nach ihr benannter Kiosk taucht auf, und unser Weg geht immer weiter geradeaus. Zur Rechten ein verrostet-verschmiertes Infotor zum Thema **ISAR-RENATURIERUNG** **4**.

Herrlicher Ausblick: Von der Corneliusbrücke blicken wir die renaturierte Isar stromaufwärts Richtung Reichenbachbrücke. Dahinter die markanten Türme von St. Maximilian, die nach der Kriegszerstörung nicht wieder mit Turmspitzen versehen wurden.

Das Rattern der Güterzüge ist der Soundtrack an der Braunauer Eisenbahnbrücke.

Auch zur Rechten gut erkennbar: die beiden Türme des Heizkraftwerks München Süd. Unser Camino ist eine kleine schöne Weile dicht von Bäumen eingewachsen, bevor wir ein letztes Mal für diese Tour deutlichen Autoverkehr hören und sehen. Das ist die niemals ruhige Brudermühlbrücke. Und endlich taucht hier in den Isarauen ein echter Jakobsweg-Wegweiser auf! An einem Pfosten, dessen Schild den Fußgängerweg kennzeichnet, ist unter Mutter mit Kind ein kleines blaues Täfelchen mit der gelb stilisierten Jakobsmuschel angeschraubt. Wir sind richtig. Buen Camino!

Allmählich weitet sich die Sicht, und schräg rechts vor uns erblicken wir Kiesbänke und die sich verzweigenden Isarläufe, die den Flaucher ankündigen. Dieses Stück München, benannt nach einem Wirt und seinem Wirtshaus, ist gerade im Sommer ein beliebtes Naherholungsgebiet. Und irgendwo da drüben auf einer der Kiesbänke ist der Hausstrand für viele alteingesessene Nacktbadende. Auch mal schön.

Eine ganze Weile schon verläuft rechts neben uns der Radweg. Jetzt kreuzen noch andere Wege unsere Route, doch wir bleiben beharrlich auf unserer geraden Linie, an deren Ende wir schon die Thalkirchner Brücke und den Tierpark vermuten. Wo sich nach dem Eingang zum Tierpark der Weg aufteilt, entscheiden wir uns lieber für den Fußgängerweg rechts. Eine Weile riechen wir noch den **TIERPARK** **5** neben uns, bald ist aber die Isarwehranlage mit dem Marienklausensteg spannender. Im Wasser, das eine Rampe hinunterschießt, üben manchmal mutige Kajakfahrer. Auf der anderen Seite, bei dem lang gezogenen Wehr, planschen im Sommer gerne Kinder. Bei Hochwasser bildet sich hier allerdings eine tödliche Walze. Ernsthaft.

Auf Höhe der Marienklausenbrücke gehen wir links am kleinen Wassermeisterhaus entlang und folgen dann nicht dem langsam ansteigenden Schotterweg, sondern biegen gleich nochmal links ein, dort, wo die „Marterl" auftauchen. Diese steinernen Pfeiler bilden

Die Isarauen rund um den Flaucher sind für viele Münchner ein beliebtes Ziel. Entweder für eine Extraportion Vitamin D oder eine Extraportion Nackensteak vom Grill.

Die Marienklause ist eine wildromantische Votivkapelle. Gleich unterhalb entspringt eine kleine Quelle – der „Jakobsbrunn".

hier einen Kreuzweg, und uns empfängt ein eigentümlicher Ort mit einer kleinen Grotte und einer hölzernen Kapelle. All das hat Martin Achleitner, der den riskanten Beruf des „Wasser-Aufsehers" innehatte, zum Dank an die Muttergottes erbaut.

Wieder zurück an der Brücke überqueren wir die freie Isar und dann den Isarwehrkanal. Am süßen Schleusenwärterhäuschen würde der Jakobsweg weiter isaraufwärts gehen. Unser Camino ist aber hier erst einmal zu Ende. Für uns geht es in die andere Richtung, und nach ein paar Metern biegen wir an einem Kiosk vorbei in Richtung Floßlände ab. Einige Minuten später sehen wir an der Zentralländstraße links von uns die beiden Wartehäuschen der Bushaltestelle Floßlände. Aber gerade können wir uns nicht entscheiden. Sollen wir wirklich den Bus nehmen, oder gehen wir noch ein Stück? Wir sind doch schließlich Pilger.

Top 5 auf dieser Route

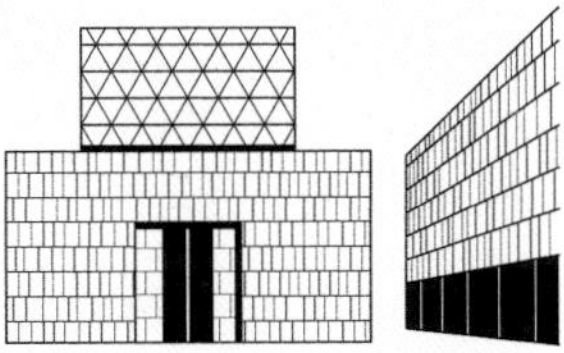

1.
St.-Jakobs-Platz

Bedeutende Bauten prägen das Gesicht dieses Platzes. St. Jakob am Anger ist das älteste noch existierende Kloster der Stadt. Das Gebäude des Münchner Stadtmuseums gegenüber geht teilweise zurück bis ins Jahr 1500. In der Mitte befindet sich seit 2017 das Jüdische Zentrum mit der Hauptsynagoge Ohel Ja'akov, Schulen, Restaurant, Gemeindehaus und dem Jüdischen Museum.

2.
Gärtnerplatz

Das Gärtnerplatzviertel zählt zusammen mit dem benachbarten Glockenbachviertel zu den beliebtesten Ausgehvierteln der Stadt und bietet jede Menge Restaurants, Bars, Clubs und Cafés. Boutiquen von Münchner Designern, außergewöhnliche Buchläden und Fachgeschäfte für Interior Design und Delikatessen laden zum Stöbern ein.

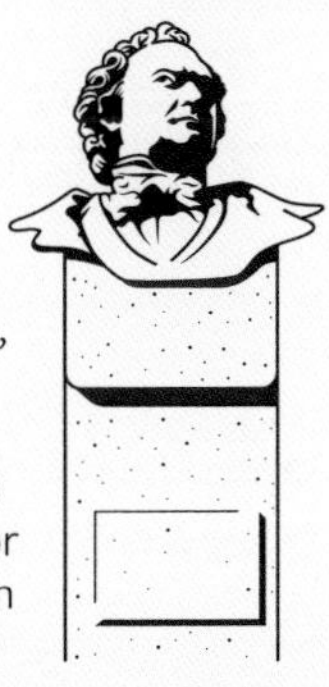

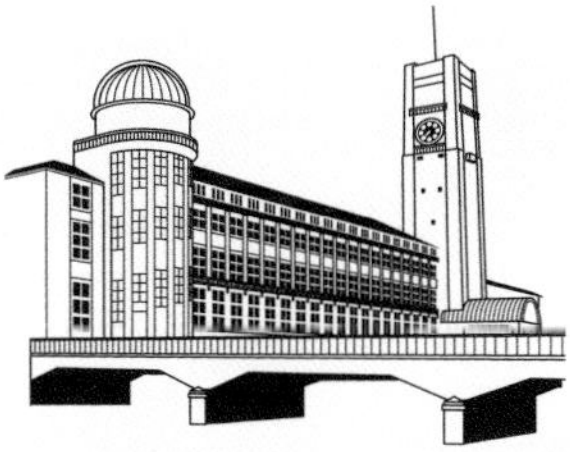

3.
Deutsches Museum

Das berühmte Museum auf der sogenannten Museumsinsel wurde im Jahr 1925 eröffnet und ist bis heute eins der größten naturwissenschaftlichen Museen der Welt. Nach einer umfassenden Sanierung und Modernisierung erstrahlen zahlreiche Ausstellungen von der Raumfahrt über die Robotik zur Gesundheit in neuem Glanz.

4.
Renaturierung der Isar

Viele Münchner dürften sich daran erinnern: Lange Zeit war die Isar eingezwängt in ein kanalartiges Korsett, so gar nicht typisch für einen Wildfluss, der sie doch eigentlich ist. Nach der Renaturierung bis 2011 präsentiert sich die Isar heute wieder ganz naturnah, mit großzügigen Kiesbänken, ruhigen Seitenarmen und beliebten Badeplätzen.

5.
Tierpark Hellabrunn

Im ersten Geozoo der Welt können 750 Tierarten bestaunt werden, geordnet nach Kontinenten. Das Elefantenhaus von 1914 stammt aus der Feder von Emanuel von Seidl. Die Vogelvoliere erinnert an das berühmte Zeltdach im Olympiapark. Kein Wunder, denn beide Dächer tragen die Handschrift des Architekten Frei Otto.

13

Durch die Au und Haidhausen

Die Elende

13

Einst sehr arm. Heute sehr beliebt. Immer sehr interessant.

Charakter der Tour

Diese Tour will uns betrügen. Denn nichts erinnert mehr an die elenden Zeiten der ehemaligen Arbeiterviertel. Ein Spaziergang am Auer Mühlbach und zu den Herbergshäuschen.

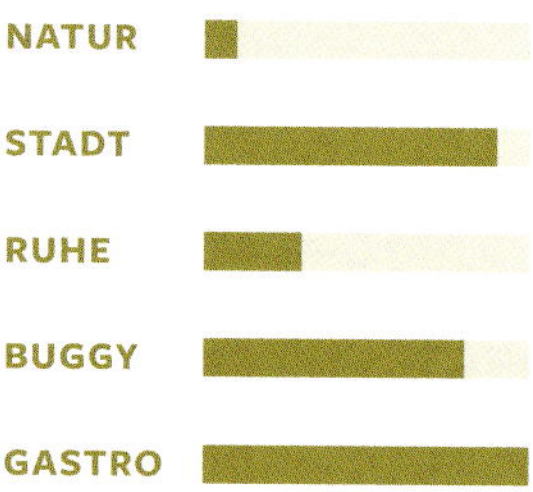

VERKEHRSANBINDUNG

Start: Haltestelle Fraunhoferstraße, U1/U2, Tram 18, Bus 132
Ziel: Haltestelle Rosenheimer Platz, zahlreiche S-Bahnen, Tram 25

Ende des 19. Jahrhunderts waren die Au und Haidhausen vom Elend durchzogen. Tagelöhner, einfache Handwerker und Lumpensammler, die sich mitsamt ihren Familien irgendein Auskommen am Rande der boomenden Stadt erhofften – sie hausten dichtgedrängt in windschief übereinander gezimmerten Holzhäusern und kleinen Herbergen am Auer Mühlbach. Tagsüber suchte man in der Stadt oder in einer der vielen Fabriken, die die Industrialisierung hervorgebracht hatte, nach Arbeit. Nachts schlief man zu mehreren in einer Kammer, wenn man sich nicht sogar ein Bett in Schichten teilen musste. Was heutzutage von dieser Geschichte noch übrig ist – die Herbergshäuschen, die kleinen Straßenzüge und der Mühlbach –, sie können nicht wiedergeben, was hier früher herrschte: Armut, Krankheiten, Kindersterblichkeit. Das Elend der Vorstadt.

Wir starten an der U-Bahn-Haltestelle **FRAUNHOFERSTRASSE** (1), benannt nach dem Waisenbuben, der durch eine glückliche Fügung des Schicksals zu einem der wichtigsten Köpfe auf dem Gebiet der optischen Physik wurde. Auf dem linken Fußgängerweg überqueren wir die nach seinem ebenso erfinderischen Gefährten Reichenbach benannte Brücke und gehen noch ein Stück die Ohlmüllerstraße geradeaus, bis wir nach der Ampelkreuzung links zum Mariahilfplatz abbiegen. Dieser eigenartig leere Platz im Schatten der schwer kriegszerstörten Mariahilfkirche blüht

LEHEL
ISARVORSTADT
HAIDHAUSEN
AU
WERKSVIERTEL
1
2
3
4
5
1:15.000
0
250
500
750
1000 m
N
W
O
S

Mit seinem herrlichen Jugendstil-Ambiente lädt das Müller'sche Volksbad zum stilvollen Schwitzen und Schwimmen ein.

glücklicherweise übers Jahr immer wieder durch seine **DULTEN** ② und Bauernmärkte auf. An der nächsten Ampel gelangen wir zur Zeppelinstraße schräg links gegenüber, die früher die „Untere Isargasse" war, und wo der in der Nachbarschaft reichlich berüchtigte „Fey-Bub" geboren wurde. Später machte er als Karl Valentin eine unglaublich komische Karriere, die elendiglich tragisch enden sollte. Dazu später mehr.

Jetzt bitte konzentrieren: Wir biegen am Kreuzplätzchen rechts ab, betreten bei der Lilienstraße 63 durch den Durchgang die Wohnanlage gegenüber, gehen dann wenige Schritte nach links und gleich wieder nach rechts. Durch den Torbogen haben wir eine tolle Perspektive auf die Franz-Prüller-Straße. Links von uns führt ein Fußweg über den Kegelhofbach an einem Spielplatz vorbei bis zum Auer Mühlbach, dem wir jetzt nach links so lange folgen, bis der Weg sich erst in einen steilen Radweg verzweigt, um wenig später in eine Treppe zu münden. Wir nehmen die wenigen Stufen nach oben und gehen weiter, bis wir links von uns den gelblichen Wohn-Werkstatt-Komplex entdecken, in dem Franz Xaver Meiller seinen Kipper erfand.

Am Ende des Riggauerwegs biegen wir rechts ab, wo die Rosenheimer Straße in die Ludwigsbrücke mündet, die samt ihren Vorgängerbrücken schon immer den wichtigsten Zugang nach München darstellte. Von der anderen Straßenseite leuchtet das nach dem edlen Spender benannte **MÜLLER'SCHE VOLKSBAD** ③ mit seinem einzigartigen Neubarock-Jugendstil-Mix herüber, das um 1900 den einfachen Münchnerinnen und Münchnern Brause- und Wannenbäder sowie nach Geschlechtern getrennte Schwimmbecken bot. Wir gehen etwas aufwärts und können dabei das hinter dem Volksbad liegende Muffatwerk, ein ehemaliges Elektrizitätswerk, erkennen, das seit den 1990er-Jahren für Konzerte und Veranstaltungen genutzt wird. Weiter oben an den Ampeln versuchen wir, sicher zum blockartigen Gasteig-Bau hinüberzukommen, auf den wir auch auf unserer „Aussichtsreichen" treffen. An seiner

linken Ziegelfassade gehen wir Richtung Innere Wiener Straße, die wir gleich auf Höhe der Stubenvollstraße überqueren, um einen Abstecher zu den beiden Kapellen zu machen. Diese verschmolzenen Gebäude sind die St.-Nikolai-Kirche und die Loretokapelle des ehemaligen „Städtischen St.-Nikolai-Spitals für Unheilbare", in dem bis ins 19. Jahrhundert hinein die unheilbar an Lepra Erkrankten untergebracht waren.

Wir überqueren wieder die Innere Wiener Straße, biegen links in die Preysingstraße ein und sind hier in einem Viertel, wo – wie auch entlang der Rosenheimer Straße – um 1850 in unzähligen **BIERKELLERN** 4 das Bier der Münchner Brauereien mit winterlichem Eis für den sommerlichen Verbrauch gekühlt wurde. An der evangelischen Johanneskirche gehen wir am Ziegelbrenner-Brunnen vorbei, der gleich nochmal weiter in die Zeit zurückweist, als arme norditalienische Tagelöhner die Lehmzunge am Isarhochufer abgraben mussten, damit die Ziegeleibesitzer guten Umsatz machen konnten. Gleich nach der Kirche biegen wir links ab und schlängeln uns über die Eggernstraße durch ein Hinterhofgewirr und einen Durchgang wieder zurück zur Inneren Wiener Straße.

Rechter Hand erspähen wir den Hofbräukeller, den letzten Rest der 1987 abgebrannten Hofbräu-Brauerei, und freuen uns auf einen kurzen Stopp am Wiener Platz. Hinter diesem hübschen Markt führt uns eine kleine Straße zur Kreppe, einem Hohlweg mit Herbergshäuschen und Werkstattgebäuden, dann ein paar Stufen hoch zum Max-Weber-Platz. Nach der Ampel am gegenüberliegenden Klinik-Komplex „Rechts der Isar“ gehen wir einige Schritte die Einsteinstraße hoch bis zur Schloßstraße, in der wir einen tollen Mix finden: mehrstöckige Wohngebäude, die typisch kleinen Haidhauser Häuschen, einen Blick zur katholischen Kirche St. Johann Baptist und das ehemalige „Städtische Brause- und Wannenbad“, Vorgänger des schon erwähnten Müller'schen Volksbads.

Die neugotische Kirche wurde Ende des 19. Jahrhunderts gebaut, um dem enorm wachsenden Haidhausen ein ausreichend großes Gotteshaus zu bieten. An seiner rechten Längsseite gelangen wir zur

Der Auer Mühlbach (links) ist einer der wenigen noch sichtbaren Münchner Stadtbäche. Die heutige **Loretokapelle** (oben) am Gasteig erinnert optisch an ihr Vorbild, die Gnadenkapelle in Altötting.

margot's
BOULANGERIE

dahinterliegenden Jugendstraße und anschließend zur Wolfgangstraße, die uns zum ursprünglichen Dorfkern an der Kirchenstraße mit der alten Pfarrkirche St. Johann Baptist des bereits um 800 nach Christus erwähnten „Haidhusir“ bringt.

Ab der Elsässer Straße ändert sich die Bebauung deutlich: Wir sind im „Franzosenviertel“, dessen Gründerzeit-Mietshäuser sich vom Ostbahnhof aus in Straßen befinden, die nach Schlachtplätzen des Deutsch-Französischen Kriegs von 1871 benannt wurden. Die Gegend um den Ostbahnhof ist dabei eher eine Unterbrechung im Flair. Schön wird es wieder, wenn wir den Orleansplatz in Richtung Wörthstraße hinter uns gelassen haben. Hier können wir am in die Länge gezogenen Bordeauxplatz entweder zwischen den Bäumen am „Brunnen der jagdbaren Tiere“ vorbeispazieren, oder wir bleiben einfach auf dem Trottoir. In jedem Fall biegen wir am Ende des Platzes rechts in die Metzstraße und bald daraufhin in die Preysingstraße ein.

Das ist Haidhauser Schönheit par excellence. Eine seltene Kopfsteinpflasterstraße mit kleinen, süßen Herbergshäuschen links, dreistöckigen Wohnhäusern rechts und – wenn man sich mutig den Kopf verrenkt – einigen neiderregenden Einblicken in hübsche kleine Gärten und Hinterhöfe. Wirklich sehr schön. Und trotzdem gleichzeitig ein unglaublicher Kontrast dazu, wie es hier in den Jahrhunderten vor unserer modernen Zeit wirklich zuging. Wie ganz am Anfang schon gesagt: elendig. Davon zeugen auch das Üblackerhaus und der **KRIECHBAUMHOF** **5**, bevor wir zum allerletzten Elend auf dieser Route kommen.

Karl Valentin war im Nachkriegs-München ein verarmter und vergessener Künstler. Und genau da, wo sich uns gegenüber der Supermarkt befindet, da war in der Nachkriegszeit der „Bunte Würfel“. Ein Kabarett, in dem Valentin nach einem Auftritt im Januar 1948 eingeschlossen worden war. Hier musste er eine Nacht verbringen und wickelte sich dabei wegen der Kälte in ein Stück künstlichen Bühnenrasen ein. Von der dort

Am Wiener Platz (links oben) treffen sich die Bewohner des Viertels zum Kaffeetrinken und Ratschen. **Der Kriechbaumhof** (links Mitte) mit seinem markanten Walmdach war eine der Herbergen für arme Tagelöhner und ihre Familien. Der Brunnen auf dem **Weißenburger Platz** (links unten) stand im 19. Jahrhundert noch im Alten Botanischen Garten vor dem Glaspalast.

eingefangenen Lungenentzündung erholte sich Karl Valentin nicht mehr und starb nur wenige Tage später, am 9. Februar 1948. Was für ein Jammer.

Nach der wieder recht pittoresken Milch- und der anschließenden Steinstraße biegen wir links in die Kellerstraße ein, um an deren Ende rechts zum herrlichen Weißenburger Platz mit dem schönen Brunnen zu gelangen. Von hier aus sind es nur noch wenige Schritte das kurze Stück Weißenburger Straße hinunter zum Rosenheimer Platz, wo wir entweder mit der S-Bahn oder mit der Trambahn entschwinden. Raus aus dem Elend.

Straßencafés und Restaurants für jeden Geschmack und Geldbeutel: Haidhausen hat für alle etwas zu bieten

Top 5 auf dieser Route

1.
Joseph von Fraunhofer (1787–1826)

Der Namensgeber der renommierten Fraunhofer-Gesellschaft war um 1800 der herausragendste Wissenschaftler im Bereich der Optik und Feinmechanik. Er erfand innovative optische Instrumente und entdeckte Spektrallinien im Sonnenlicht, die sogenannten „Fraunhoferschen Linien“. Sein Grab befindet sich auf dem Alten Südlichen Friedhof.

2.
Auer Dult

Kunst und Kitsch, Küchenutensilien und Kuriositäten: Bei den Marktkaufleuten der Auer Dult gibt es allerhand zu entdecken und zu erwerben. Dazu locken Fahrgeschäfte und kulinarische Köstlichkeiten große und kleine Besucher zum traditionsreichen Volksfest, das dreimal im Jahr auf dem Mariahilfplatz stattfindet.

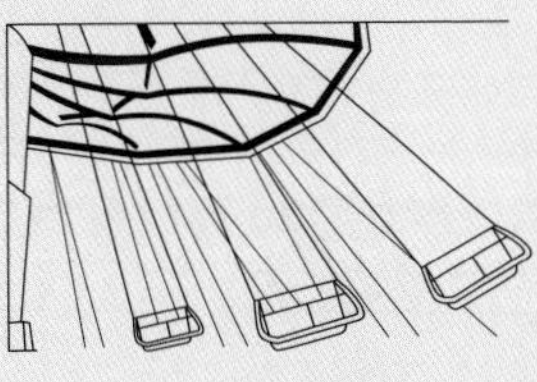

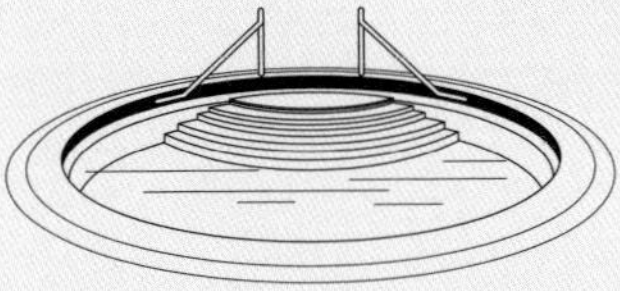

3.
Müller'sches Volksbad

Schöner als hier kann man kaum seine Bahnen ziehen: Bis heute gehört das Bad im neobarocken Jugendstil, das 1901 als Brause- und Wannenbad für das „unbemittelte Volk“ errichtet wurde, zu den öffentlichen Schwimmbädern in München. Kurios: Früher befand sich im Untergeschoss ein Hundebad samt Coiffeur und Warmluftboxen, in denen das Fell getrocknet wurde.

4.
Bierkeller in Haidhausen

Mitte des 18. Jahrhunderts entstanden unterirdische Keller, in denen das Bier gelagert wurde. Kühlgeräte gab es noch nicht, deshalb wurden im Winter Eisblöcke aus zugefrorenen Gewässern geschnitten und zu den Bierfässern gepackt, um die Temperaturen auch im Sommer niedrig zu halten. An der Oberfläche spendeten Kastanien kühlen Schatten.

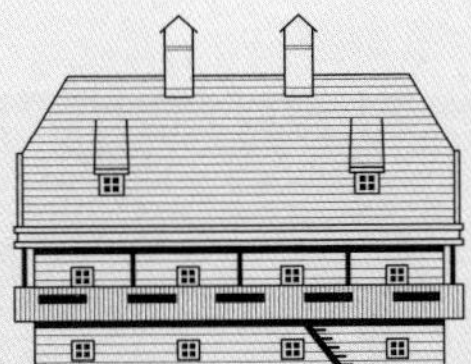

5.
Kriechbaumhof

Das restaurierte Holzhaus aus dem 17. Jahrhundert diente lange Zeit als Herberge für Tagelöhner, die zum Arbeiten in die Stadt kamen. Es stand ursprünglich in der benachbarten Wolfgangstraße, wurde 1985 versetzt und am heutigen Standort wieder aufgebaut. Das Gebäude ist heute ein Vereinsheim der Jugend des Deutschen Alpenvereins.

14

Vom Hauptbahnhof ins Westend

Die Urbane

14

Großstädtischer Trubel. Charmante Altbauten. Süßer Nachgeschmack.

Charakter der Tour
Eine kontrastreiche Tour durch ganz besondere Ecken Münchens. Wer dabei möglichst viel erleben will, geht diese 10.000 Schritte an einem Samstagvormittag, wenn richtig was los ist.

NATUR

STADT

RUHE

BUGGY

GASTRO

VERKEHRSANBINDUNG
Start: Haltestelle Hauptbahnhof, zahlreiche S-Bahnen, U1/U2/U4/U5/U7, Tram 16, 17, 19, 20 und 29
Ziel: Haltestelle Karlsplatz/Stachus, zahlreiche S-Bahnen, U4/U5, Tram 16, 17, 18, 19, 20, 21, 27 und 28

Diese 10.000 Schritte sind wohl die großstädtischsten, die am meisten urbanen sozusagen, die wir für dieses Buch gegangen sind. Beginnend am Hauptbahnhof, erst durch Straßenzüge mit eintönigen Häuserfassaden, die unerwartet von architektonischen Schmuckstücken unterbrochen werden, später vorbei an sehr charmanten Ecken, über viel befahrene Kreuzungen und am Ende dorthin zurück, wo München sich nochmal als Großstadt rauschend aufbäumt. Diese Tour ist vielseitig, verwirrend, überraschend, manchmal schön, manchmal nicht so, multikulturell, multigeschichtlich, multigentrifiziert. In jedem Fall mit einem süßen Happy End.

Wir verlassen den **HAUPTBAHNHOF** **1** zur Bayerstraße hin und müssen das alles erstmal einen Augenblick auf uns wirken lassen. Wer seltener hier ist, der staunt über das lebende Wimmelbild, das sich uns hier bietet: Reisende aller Länder, Rumstehende jeglicher Art, verwirrte Neuankömmlinge mit suchenden Augen, zügig Durchhuschende mit klarem Ziel, hupende Taxis, quietschende Trambahnen, fettiger Dunst von Imbissbuden, Zigarettengestank, Sprachenvielfalt. Aber wir lassen uns davon nicht beirren, während wir an der Ampel in die Goethestraße hinüberwechseln.

Jetzt finden wir uns wieder in einer Welt aus Wettbüros, Spielautomaten, Reiseagenturen und Wechselstuben, auf einem recht charakterlosen Fußweg entlang der typisch gleichgültigen Nachkriegs-

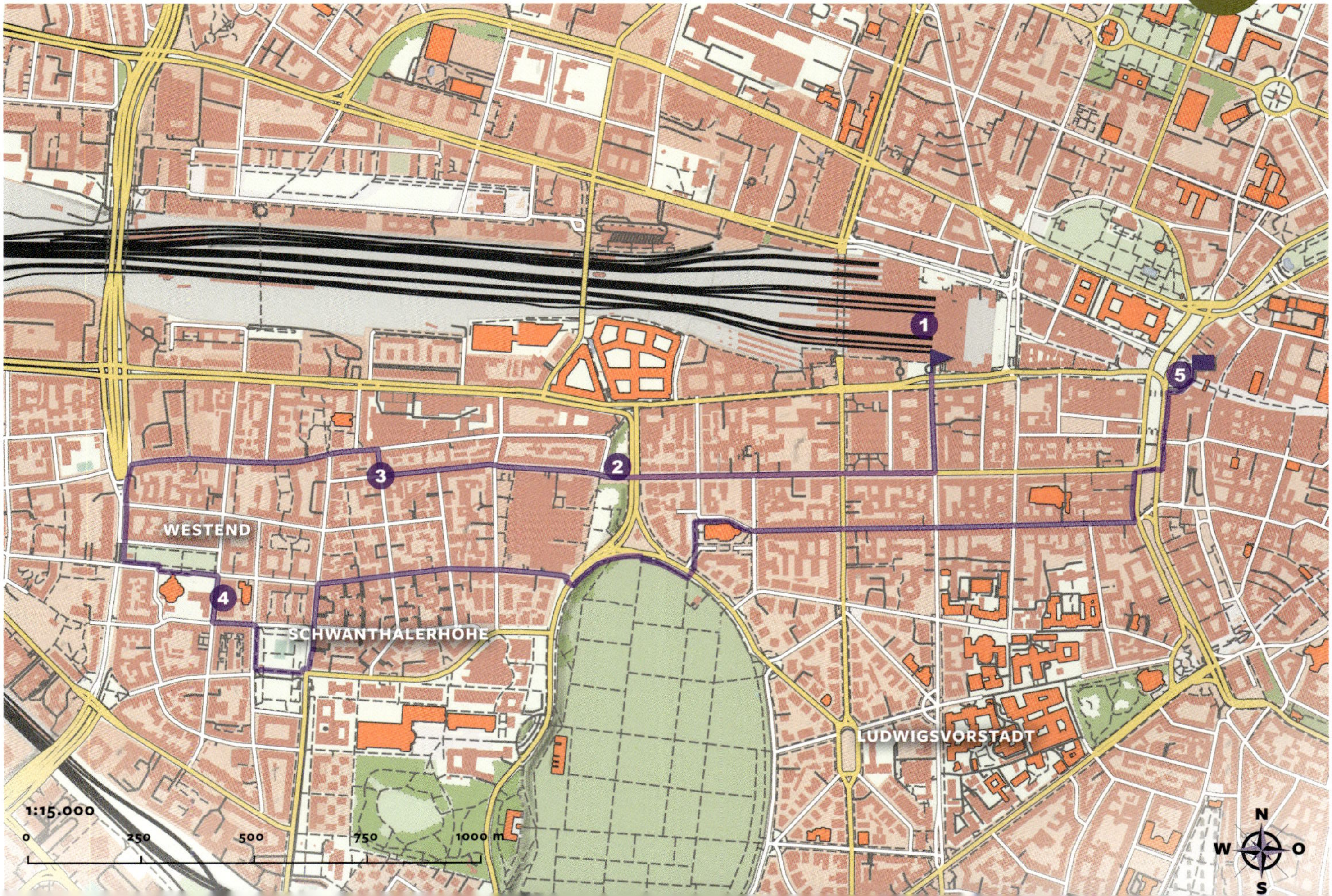
WESTEND
SCHWANTHALERHÖHE
LUDWIGSVORSTADT
1
2
3
4
5
1:15.000
0
250
500
750
1000 m
N
W
O
S

„Street Art“ auf Wänden und Toren ist immer wieder im Viertel zu finden.

fassaden. An der Kreuzung biegen wir in die recht ähnliche, nur stärker befahrene Schwanthalerstraße ein, der wir jetzt eine Weile lang folgen. Was wohl der große Bildhauer zu seiner Straße sagen würde? An der Straße, die dem Dichterfürsten Paul Heyse gewidmet ist, sehen wir rechts Teile des Hauptbahnhofs, links erahnen wir erste Bäume des deutlich grüneren und schickeren Viertels Richtung Goetheplatz. Als aber bald zu unserer Linken bei der Hausnummer 79 ein einzigartiges Juwel auftaucht, sind wir wieder versöhnt. Das 1905 fertiggestellte Mietshaus ist ein prachtvoll gold-grün-ockerfarbenes Beispiel des in München entstandenen Jugendstils, voll geometrischer Ornamentik und mystisch-naturalistischer Anleihen. Sehr schön. Wir wechseln an der Ampel die Straßenseite, amüsieren uns über das bemalte Wirtshausschild und bewundern die Mächtigkeit der Paulskirche, die hier alles andere überragt. Einen intensiveren Besuch werden wir ihr aber erst auf unserem Rückweg abstatten. Jetzt geht es erst einmal über den Bavariaring zur Schwanthalerhöhe, wobei wir für einen Augenblick noch thematisch an der Paulskirche dranbleiben. Denn der bemerkenswerte Backsteinbau mit Erkern und Türmchen rechts von uns gehörte dem Architekten derselbigen – und ebenso des Neuen Rathauses: **GEORG VON HAUBERRISSER** ❷.

Wir gehen weiter, vorbei an einem Baukomplex samt 70er-Jahre-Charme, der früher einen großen Elektromarkt, dann ein Möbelhaus beherbergte und nun als Einkaufszentrum in Richtung mehr Exklusivität „revitalisiert“ wurde. Schräg links, an der Ecke Schießstätt- und Schwanthalerstraße, stand einst ein Wirtshaus, das später ein Döner-Imbiss wurde und anschließend lange Zeit leer stand und verkam. Verkauft wurde es für fast 5 Millionen Euro. Wahnsinn. Glücklicherweise aber bietet uns die Straße im Folgenden herrliches Westendflair: drei- oder vierstöckige Gebäude, viele noch mit alten Fassaden, mit Ladengeschäften und netten Cafés. Auch revitalisiert, quasi.

DÖNE
3,99 €

Georg von Hauberrisser, der Architekt des Münchner Neuen Rathauses, baute dieses Wohnhaus in der Schwanthalerstraße für sich selbst.

Als wir rechts in die Ligsalzstraße einbiegen, leuchtet uns ein „Mural" an, ein die ganze Hauswand einnehmendes Graffito. An der nächsten Ecke leuchtet stattdessen etwas ganz anderes: die backsteinrote Rückwand der Augustiner Brauerei, die hier seit Ende des 19. Jahrhunderts Bier braut. Wir müssen leider weiter und entdecken nach der Schrenkstraße beim Gebäude des Kreisjugendring-Projekts „Köşk" ein Reklameschild, das zum bereits erwähnten Döner-Haus gehörte. Hinweise auf das Westend, das es so gar nicht mehr gibt. Das Viertel, zunächst Wohnort vieler Arbeiter der aus der Innenstadt weichenden Fabriken und Brauereien, war ab den 1960er-Jahren das Viertel der sogenannten **GASTARBEITER** **3**. Nicht weit entfernt vom Hauptbahnhof, mit viel einfachem und günstigem Wohnraum, über Jahrzehnte geprägt von vor allem türkischen und griechischen Einflüssen. Interessanterweise ist davon heutzutage nicht mehr viel zu finden. Der Lebensstil der ehemaligen Gastarbeiter verbesserte sich im Laufe

der Jahre, und viele Familien verließen das Westend. Seit Langem ist diese Gegend beliebt bei neuer Klientel und befindet sich in einem Schwebezustand zwischen nettem Kiez, Neo-Gentrifizierung und Investorenglück.

Die Architektur der weiteren Westendstraße changiert nun zwischen den 1950er- und 1980er-Jahren, und kurz bevor wir uns dem Mittleren Ring nähern, taucht bei der Hausnummer 119 eine süße Überraschung in Form einer urigen Textilreinigung auf. An der Straßenecke gehen wir links – jenseits des Rings stand jahrzehntelang die übel qualmende Gummi-Fabrik Metzeler – und entdecken endlich mal wieder einen Dönerladen. Nach der Tulbeckstraße kommen wir zum nach einer Münchner Patrizierfamilie benannten und nicht französisch auszusprechenden Gollierplatz, an dem wir aber nicht sofort links, sondern erst nach ein paar Metern an der zweiten parallel verlaufenden Straße einbiegen. Mit der Anlage des Platzes um die Jahrhundertwende begann auch das enorme Wachstum

Ob Döner wirklich schöner macht, wissen wir nicht. Aber die alte Leuchtreklame an der Wand des Kulturzentrums Köşk macht sich definitiv gut.

An das Oktoberfest-Attentat von 1980 erinnern an der Theresienwiese heute ein Denkmal und eine ausführliche Dokumentation.

des Viertels. Schräg rechts taucht die bis 1908 durch Arbeiterspenden finanzierte und von außen schön neuromanisch gebaute, von innen seltsam unterkühlte Kirche St. Rupert auf. An der Bergmannstraße gehen wir rechts, sehen vor uns noch den Turm der 1931 eingeweihten evangelischen Auferstehungskirche im nationalsozialistisch-sachlichen Stil, deren Bau mit dem bis heute betriebenen **LEDIGENHEIM** 4 aus den 1920er-Jahren verschmilzt. In der bis 1891 erbauten Bergmannschule auf unserer Straßenseite sollten die Arbeiterkinder Schulbildung und wöchentlich im hauseigenen Tröpferlbad Hygiene genießen.

An der Kazmairstraße gehen wir links, queren diese dann auf Höhe der Geroltstraße, um über den modern gestalteten Georg-Freundorfer-Platz zu spazieren, dessen Name aufgrund der NSDAP-Sympathie des Komponisten kritisiert wird. Wir halten uns links an der Ganghoferstraße und biegen an dem Gebäude mit der charakteristischen Rundfassade in die Gollierstraße ab. Hier und da bieten sich Einsichten in hübsche Hinterhöfe, ein Blick rechts die Ligsalzstraße

hinunter wirkt wie aus dem Westend-Bilderbuch, aber es dauert nicht allzu lange, und wir werden wieder von den revitalisierten Riesen aus Beton beäugt.

An der Fußgängerampel vor uns überqueren wir den Bavariaring und wandern leicht bergab entlang der Theresienwiese, wo uns zuerst eine beschriftete Stele in einer durchlöcherten Stahlwand und einige Schritte weiter eine Vielzahl menschlicher Silhouetten an das Oktoberfest-Attentat von 1980 erinnern. Um der Paulskirche einen Besuch abzustatten, wechseln wir die Straßenseite. Fast zeitgleich zum Neuen Rathaus baute Georg von Hauberrisser diese neugotische, nach Bombentreffern im Zweiten Weltkrieg und einem viel späteren Flugzeugabsturz wiederhergestellte Kirche. Wir gehen links am Kirchenschiff weiter und folgen ab sofort der hinter St. Paul beginnenden Landwehrstraße.

Die neugotische Paulskirche am Rand der Wiesn bietet zur Oktoberfestzeit tolle Ausblicke von ihrem 97 Meter hohem Hauptturm aus.

Die Landwehrstraße ist eher schmal und beginnt mit in die Jahre gekommenen Fassaden und Geschäften, überrascht uns nach der Paul-Heyse-Straße allerdings mit mehreren Schmuckstücken aus der Zeit

Süße Verführung: Das Bahnhofsviertel lockt an jeder Ecke mit einer bunten Vielfalt an orientalischen Genüssen.

um die Jahrhundertwende. Wir staunen. Spätestens ab der Goethestraße finden wir uns dann wieder im Orientalischen und im Autodunst. Wir kaufen uns süßes Baklava zum Mitnehmen und staunen noch einmal, als wir kauend vor einem alten Pornokino stehen. Am Fußgängerübergang überqueren wir die Sonnenstraße und gehen hoch zum **STACHUS** 5, um uns im Schatten des Karlstors die letzten urbanen Zuckersiruptropfen von den Fingern zu schlecken. Süßes Ende. Auch gut.

Top 5 auf dieser Route

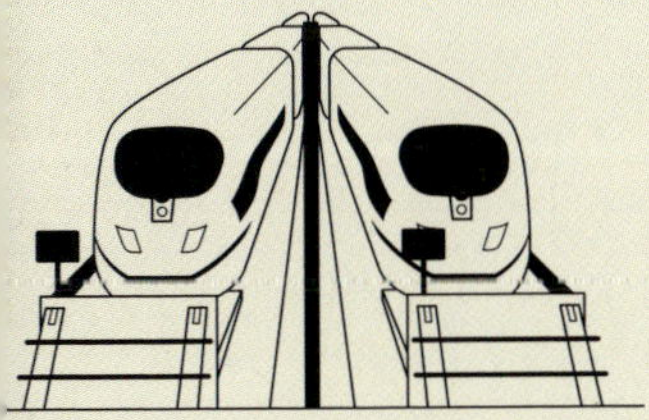

1.
Hauptbahnhof
Ein erster Standort 1839 an der heutigen Hackerbrücke erwies sich als zu weit von der Innenstadt entfernt, und so entstand später am heutigen Platz ein neuer Backsteinbau von Friedrich Bürklein. Das Gebäude aus der Nachkriegszeit ist auch wieder Geschichte, denn die Arbeiten für einen neuen Bahnhof sind in vollem Gange.

2.
Georg von Hauberrisser (1841–1922)
Das bekannteste Werk des Grazer Architekten ist sicherlich das Neue Rathaus am Marienplatz mit seiner markanten neugotischen Fassade. Von ihm stammt auch die imposante Paulskirche nahe der Theresienwiese. Selbst sein Grab auf dem Alten Südlichen Friedhof trägt seine neugotische Handschrift.

3.
Gastarbeiter
Wegen des Arbeitskräftemangels im „Wirtschaftswunderland“ in den 1950er- und 1960er-Jahren schloss man Anwerbeabkommen mit anderen Staaten ab. Die meisten der sogenannten Gastarbeiter kamen per Zug aus Italien, Griechenland, Jugoslawien und der Türkei. Der Hauptbahnhof München war dabei der wichtigste Verkehrsknotenpunkt.

4.
Ledigenheim
Ein enormer Zuzug vom Land in die Stadt führte gegen Ende des 19. Jahrhunderts zu unzumutbaren Wohnverhältnissen bei vielen Neu-Münchnern. Der Verein Ledigenheim München nahm sich des Problems an und realisierte den Bau eines Wohnheims für alleinstehende Männer.

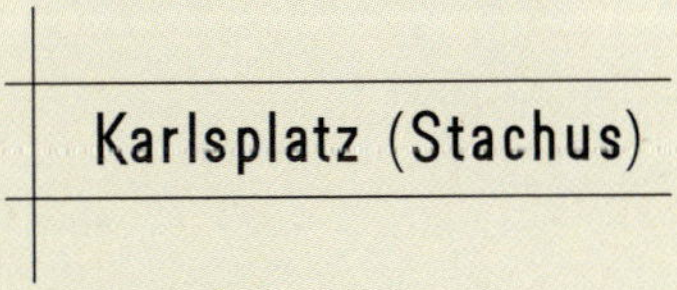

5.
Karlsplatz oder Stachus?
Der kuriose Doppelname lässt sich darauf zurückführen, dass viele Münchner mit dem offiziellen Namensgeber, Kurfürst Karl Theodor, nicht sehr zufrieden waren. So kam der Wirt Eustachius Föderl mit seinem benachbarten Wirtshaus zu Ehren.
Und weil Eustachius ein komplizierter Name ist, gingen die Münchnerinnen und Münchner eben zum „Stachus“.

15

An den Stadtmauern Münchens

Die Stadtgeschichtliche

15

Alles beginnt in der Mitte. Alles wächst. Alles endet beim Bier.

Charakter der Tour
10.000 Schritte durch die Geschichte Münchens, die sich wunderbar entlang der beiden alten Stadtmauern – oder was davon noch übrig ist – erleben lässt.

NATUR	▁
STADT	█
RUHE	▁
BUGGY	█
GASTRO	█

VERKEHRSANBINDUNG
Haltestelle Marienplatz, zahlreiche S-Bahnen, U3/U6, Bus 132

Unsere 10.000-Schritte-Touren kann man eigentlich immer gehen. Zu jeder Jahreszeit, an jedem Wochentag. Einfach die richtige Kleidung auswählen, passendes Schuhwerk dazu, alles kein Thema. Für diese Tour aber schlagen wir einen Sonntagvormittag vor. Früh am Tag, wenn die Stadt noch leer ist und am Marienplatz eine ganz besondere Ruhe herrscht. Fast anmutig. Manchmal tut das gut. An so einem Sonntagvormittag nehmen wir uns die Zeit und gehen entlang der Stadtmauern und damit auch entlang der Münchner Stadtgeschichte. Vorab zum besseren Verständnis: Es gab zwei Stadtmauern. Eine erste, die München schon Ende des 12. Jahrhunderts mitsamt einem Wassergraben umschloss. Darin wurde es bald zu eng, und so wurde im 13. Jahrhundert eine zweite angelegt. Diese war um ein Vielfaches größer und länger, und sie wurde im Laufe der Jahrhunderte immer mehr befestigt und ausgebaut samt vorgelagerter Zwingermauer und einem Wassergraben. Später folgten weitere Wallanlagen und nochmal ein Wassergraben. Dann, Ende des 18. Jahrhunderts, war das alles nutzlos geworden, und so wurde die Stadtbefestigung „geschliffen". Abgerissen, zugeschüttet, verbaut. Kaum mehr etwas übrig. Aber keine Sorge: Wir kennen uns aus. Ein bisserl Mauer finden wir noch.

Die **MUTTERGOTTES GLÄNZT VON IHRER SÄULE** (1) zu uns herab, in ihrem Rücken die beiden Türme des ihr geweihten Doms, an ihrer Seite das alt

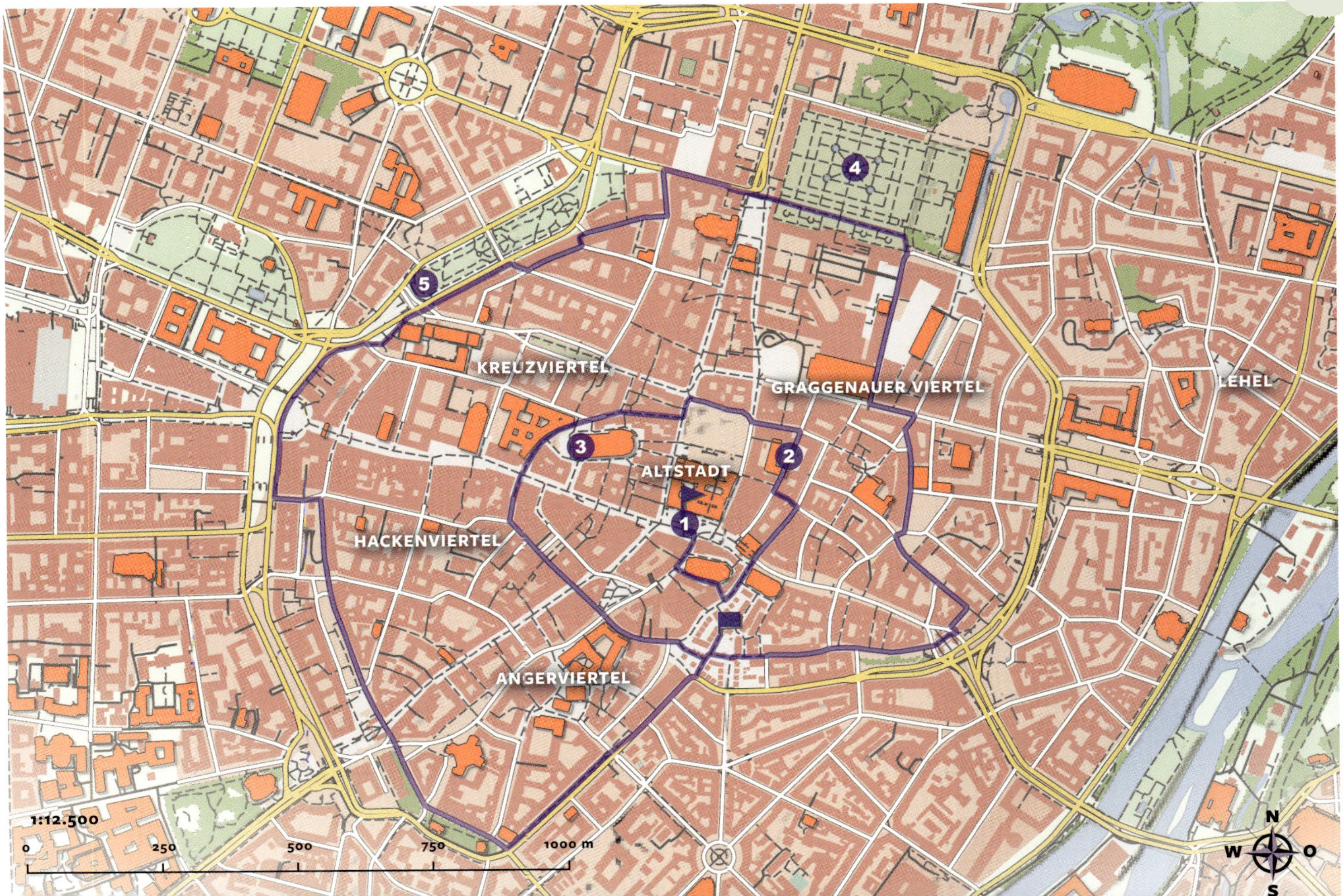
KREUZVIERTEL
GRAGGENAUER VIERTEL
LEHEL
ALTSTADT
HACKENVIERTEL
ANGERVIERTEL
1
2
3
4
5
1:12.500
0
250
500
750
1000 m
N
W
O
S

aussehende, aber doch erst 1908 fertiggebaute Neue Rathaus, ihr gegenüber das nach der Kriegszerstörung wiederaufgebaute Alte Rathaus und schließlich St. Peter. Dort, wo vermutlich die Mönche siedelten, die München den Namen gaben. Genauer gesagt, einem erstmalig 1158 schriftlich erwähnten Marktplatz „bei den Mönchen", dem heutigen Marienplatz. Diese Kirche hatte viele Leben: Vor 1.000 Jahren war hier eine hölzerne Kapelle, diese brannte ab, eine neue wurde gebaut, brannte wieder ab, eine neue gotische Kirche mit zwei Türmen wurde gebaut, brannte ab, wurde mit nur einem Turm wieder aufgebaut, brannte nach einem Blitzeinschlag ab, wieder aufgebaut, barockisiert. Dann kam der Zweite Weltkrieg, und am Ende waren von München und St. Peter nur noch Trümmer übrig. Alles wieder aufgebaut. Glücklicherweise immer recht nah am Original.

Ganz oben auf dem Glockenturm des Neuen Rathauses breitet das Münchner Kindl seine Arme aus.

Auf der Rückseite von St. Peter gehen wir das Petersbergl hinunter und werfen nur einen schnellen Blick zum Viktualienmarkt hinüber, denn wir werden ihm später einen intensiveren Besuch abstatten. Wir spazieren links an der sogenannten Metzgerzeile und damit am früheren Verlauf der ersten Stadtmauer vorbei. Am Alten Rathaus schauen wir rechts Richtung Isartor und dorthin, wo die Salzstraße über die Isar hereinkam, die dem Markt bei den Mönchen seine Daseinsberechtigung gab. Nach einem Stück Sparkassenstraße – früher war hier ein offener Stadtbach – gehen wir beim Zerwirkgewölbe wieder in den ersten Mauerring hinein, denn wir wollen einen Blick in die erste Fürstenburg Münchens, den **„ALTEN HOF"** **2**, werfen.

Hier lebte Ludwig der Strenge, der seiner Maria aus Eifersucht den Kopf abschlug, hier wurde sein Sohn Ludwig der Bayer geboren, der seinem Vetter und Feind Friedrich dem Schönen die Kaiserkrone entriss, und hier wurde das erste Hofbräuhaus eingerichtet. So schaut's aus. Wir verlassen die Anlage am Hofgraben, wenden uns links Richtung Marienhof und befinden uns wieder am Verlauf der ersten Stadtmauer. Leider deutet nichts auf sie hin, auch nicht auf das „Vordere

Schwabinger Tor“ und das „Hintere Schwabinger Tor“, beides ehemalige Stadttore. Das eine wäre heute an der Ecke zur heutigen Dienerstraße, das andere an der Weinstraße. Dort biegen wir auch in die Schäfflerstraße ein, die wir wegen der beiden Figuren an der Hausecke nicht übersehen können. Die Schäffler wurden hier schon vor über 700 Jahren erwähnt.

An der Löwengrube drehen wir uns nach links und staunen über die mächtige Frauenkirche, die mit Münchner Lehmziegeln gebaut wurde. Ihr offizieller Name: „Dom zu Unserer Lieben Frau“. Und entgegen der Überzeugung vieler sind die beiden Türme samt ihrer **„WELSCHEN HAUBEN“** **3** mit knapp 99 Metern nahezu gleich hoch. Im Krieg wurden der einzigartige Dachstuhl des gotischen Baus aus dem 15. Jahrhundert sowie große Teile der Innenausstattung zerstört.

Gegenüber sehen wir die grünliche Fassade des Polizeipräsidiums München, das ursprünglich das – das! – Augustiner-Kloster war. Ursprünglich unmittelbar an der ersten Stadtmauer gebaut, daher die eigenartig kurvige Form. Alles um 1800 säkularisiert, also enteignet und verweltlicht. In der ehemaligen Kirche ist heute das Jagd- und Fischereimuseum. Dort überqueren wir die Shoppingmeile, die links von uns Kaufingerstraße und rechts von uns Neuhauser Straße heißt. Die beiden Straßen wurden vor Jahrhunderten durch den aus einem Stadttor gewachsenen „Schönen Turm“ unterbrochen, daher die unterschiedlichen Namen.

Ein Bund Radieserl oder auch ein schöner Radi gehören zu einer bayerischen Brotzeit dazu. Mahlzeit!

Nach Färbergraben und Rosental gehen wir hinüber zum Viktualienmarkt und brechen damit aus der ersten Stadtmauer aus. Bis der Viktualienmarkt

„Bühnenfenster“ nennt Künstler Ólafur Elíasson die von ihm gestaltete buntspiegelnde Glasfassade am Marstallplatz (rechts).

entstand, befand sich hier das über Jahrhunderte gewachsene Heilig-Geist-Spital, die Sozialstation Münchens sozusagen. Als das Spital 1807 säkularisiert wurde, zog der Markt vom heutigen Marienplatz weg und in die Innenhöfe der Anlage ein, dehnte sich über die Jahrzehnte aus, und nach und nach mussten alle Spitalsgebäude dem neuen Markt weichen. Allein die Heilig-Geist-Kirche am nördlichen Ende des Areals wurde erhalten. Wir gehen Richtung Maibaum und weiter zur Westenriederstraße. Bald erscheint das Isartor, eins der drei noch erhaltenen Stadttore, und wir entdecken gut 50 Meter davor zu unserer Rechten ein Stück Stadtmauer aus dem zweiten Befestigungsring.

Dass das Isartor nicht dem um 1800 beginnenden „Entfestigungseifer“ zum Opfer gefallen ist, haben wir König Ludwig I. zu verdanken. So bleiben uns zusammen mit dem Sendlinger Tor und dem Karlstor zumindest ein paar sichtbare Reste. Ein Tipp an dieser Stelle: Seit 1959 befindet sich im Isartor das Valentin-Karlstadt-Musäum, das in einer sehenswerten Ausstellung die Lebensgeschichte und Werke von Karl Valentin und Liesl Karlstadt zeigt. Wir überqueren vorsichtig die Straße Richtung Lueg ins Land. In das verglaste Geschäft rechts vor uns sollten wir gleich einen Blick werfen. Nicht wegen der Auslage, sondern weil beim Bau des Gebäudes ein Stück der Stadtmauer ausgegraben worden war, das erhalten werden musste. So können wir jetzt einen mehrere Meter langen Zementriegel bestaunen, umrahmt von Töpfen, Pfannen und Stabmixern. Am Ende der Straße, neben dem denkmalgeschützten Vindelikerhaus, ist die Fassade rechts Teil des ehemaligen Turms „Lueg ins Land“. Noch spannender finden wir aber die Reste des „Scheiblings“, eines vorgelagerten runden Geschützturms, die wir entdecken können, wenn wir hinter dem Friseur durch eine Gittertür schauen oder gleich ganz um die Hausecke herumgehen. Unser Weg aber führt über Marienstraße, Neuturmstraße und Am Kosttor zur exklusiven Maximilianstraße, danach gegenüber hinein in die Alfons-Goppel-Straße.

Zwischen der Rückseite der Oper und der vielteiligen Residenz auf der einen und dem Marstallplatz mit den letzten Resten der Hofreitschule auf der anderen Seite gelangen wir zum herrlichen **HOFGARTEN** ❹. Übrigens ist die Figur, die das Tempelchen ziert, keine Göttin Diana, sondern die „Tellus Bavarica", eine Allegorie auf unser wild-, getreide-, wein- und salzreiches Bayern. Siehe dazu auch unsere Tour „Die Allegorische". Unser Blick geht nach links zum gelungenen Festsaalbau der Residenz, auf dessen Westflügel der Kini einst einen märchenhaften Wintergarten bauen ließ. Man möchte es fast nicht glauben.

Am Platz vor der Feldherrnhalle befinden wir uns an einer Stelle mit besonders viel Geschichte. Hier standen bis 1816 noch die Stadtmauer und das Äußere Schwabinger Tor, mit deren Abriss der Bau der Ludwigstraße erst möglich wurde. Diese erste konkret geplante Stadterweiterung wurde von König Ludwig I. veranlasst und ging bis zum Siegestor. Den architektonischen Auftakt auf der Stadtseite machte dabei die aus Florenz hierher kopierte Feldherrnhalle. Links davon sehen wir die Residenz, die bis zum Max-Joseph-Platz reicht, rechts davon die Theatinerkirche, Votivkirche der lange Zeit kinderlos gebliebenen Kurfürstin Henriette Adelaide. Dazu mehr auf unserer Tour 3 „Die Schöne" (siehe Seite 38). Wir gehen jetzt ein kurzes Stück durch die Brienner Straße und biegen am Amiraplatz noch vor dem Luitpoldblock links ab. Vor dem Literaturhaus mit der dahinterliegenden

Architektonisch sehr gelungen ist die Kombination von alter Stadtmauer und Parkhausfassade mit ihrer Dachumhüllung aus 15.000 identischen Stahlstäben.

Salvatorkirche gehen wir rechts in die Jungfernturmstraße und stehen bald an einem interessant gebauten Parkhaus mit einem sich daran anschmiegenden Rest Stadtmauer. Oder schmiegt sich das Parkhaus an die Stadtmauer? So oder so, wir freuen uns über dieses kleine Stück echte Stadtbefestigung.

Am Ende der Straße gehen wir erst links in die schmale Straße am Rochusberg, dann rechts durch das Maxtor. Das ist diesmal kein echtes Stadttor, sondern eher ein Zier-Tor, um der Prannerstraße einen schönen Abschluss zu bieten. Ebenfalls Anfang des 19. Jahrhunderts entstand der Maximiliansplatz uns gegenüber, der sich mit dem 1895 fertiggestellten **WITTELSBACHER BRUNNEN** ❺ als Bindeglied gut mit dem Lenbachplatz vereint. Allein der laute Stadtverkehr stört hier, kann aber dann doch nicht von den prächtigen Fassaden der Geschäftshäuser gegenüber oder dem Künstlerhaus weiter vorne ablenken. Erst aber drängt sich auf unserer linken Seite noch die Neue Maxburg in unser Blickfeld, der Nachkriegsersatz für eine zerstörte Stadtresidenz der Wittelsbacher. Wir wissen, dass die Architektur der Neuen Maxburg oft hochgelobt wird. Heute ist dort ein Teil des Amtsgerichts, zuständig für Scheidungen.

Weiter von uns entfernt liegt gegenüber, am Beginn der Elisenstraße, das Eingangsportal zum Alten Botanischen Garten, daneben der Justizpalast, wie alles hier in den 1890er-Jahren gebaut. Am Stachus werfen wir einen kurzen Blick durchs Karlstor in die Fußgängerzone und zur anderen Seite, Richtung Hauptbahnhof, um uns zu erinnern: die Salzstraße. Damit fing doch alles an. Und wir stehen gerade auf ihr. Nach einem kurzen Stück Sonnenstraße gehen wir links in die Herzogspitalstraße, dann hinter der kleinen Grünanlage rechts in die Herzog-Wilhelm-Straße. Wenn uns dabei die Straße leicht gekrümmt vorkommt, keine Angst: Es liegt an der Straße, denn wir gehen entlang der ehemaligen kurvigen Stadtmauer. Aber wir gehen auch auf einem alten Stadtbach. Unter uns ist Was-

Durchs Portal der Salvatorkirche kann man manchmal einen Blick ins Innere erhaschen.

ser! Der westliche Stadtgrabenbach – gespeist vom Glockenbach, und der wiederum von der Isar – fließt hier unterirdisch an der Innenstadt vorbei und wird am Englischen Garten zum Schwabinger Bach. Wie herrlich wäre es, wenn der Bach oberirdisch verlaufen würde.

Das Sendlinger Tor erscheint, das dritte noch erhaltene Stadttor. Wir gehen geradeaus über die Ampel, danach bald an der stolzen Hauptfeuerwache vorbei, biegen an Münchens erstem Wolkenkratzer, dem Alten Technischen Rathaus aus dem Jahr 1929, in die Blumenstraße ein und spazieren die letzten paar Hundert Schritte schnurgeradeaus. Schnurgerade war hier nämlich auch die Stadtmauer. An der Corneliusstraße kämen wir links zum Sankt-Jakobs-Platz oder rechts zum Gärtnerplatz. Beide lernen wir aber in „Die Pilgernde" kennen. Ein letztes Stück Stadtgeschichte sehen wir noch in Form der Schrannenhalle, die als wiederaufgebaute Reminiszenz an eine ehemals doppelt so lange Getreidehalle von 1853 erinnern soll. Wir merken aber, dass wir zum Ende kommen müssen. Das Meiste, zumindest viel Wesentliches, Hauptsache vor allem Richtiges, ist gesagt. Jetzt ist es Zeit für einen guten Schluss. Da sollte sich am Viktualienmarkt etwas finden lassen. Schauen wir doch mal zum Biergarten!

Da wird uns ganz schwindelig: Sagenhafte 12 Stockwerke hat Münchens ältestes Hochhaus, das Alte Technische Rathaus aus den 1920er-Jahren.

Top 5 auf dieser Route

1. Mariensäule

Zum Dank dafür, dass die schwedischen Truppen München im Dreißigjährigen Krieg nicht zerstörten, errichtete der sehr religiöse Kurfürst Maximilian I. im Jahr 1638 eine Votivsäule für die hl. Maria als „Patrona Bavariae". Er förderte damit die intensive Verehrung Marias als Schutzheilige Bayerns.

2. Alter Hof

Der erste Herrschaftssitz der Wittelsbacher geht zurück bis ins 13. Jahrhundert, unter Ludwig dem Bayern war hier sogar die kaiserliche Residenz. Im spätgotischen Gewölbe im Untergeschoss des Infopoints informiert eine Dauerausstellung über die Stadtgeschichte und das Leben in der ehemaligen Kaiserburg.

3. Welsche Hauben

„Welsche", also fremdländische, Zwiebelturmhauben prägen die markante Erscheinung der von 1468 bis 1488 gebauten Frauenkirche. Allerdings kamen die Hauben erst 36 Jahre nach Fertigstellung der Kirche auf die Türme. Tipp: Ein Aufzug im Südturm führt zu einer Aussichtsplattform mit grandiosen Ausblicken.

4. Hofgarten

Die Parkanlage entstand Anfang des 17. Jahrhunderts nach dem Vorbild italienischer Renaissancegärten mit ihrer typischen Geometrie und Symmetrie. Parkbänke laden zum Ausruhen ein, auf den Kieswegen wird Boule gespielt, und im Dianatempel gibt es an schönen Tagen Musik und Tanz.

5. Wittelsbacher Brunnen

Die prächtige klassizistische Brunnenanlage setzte dem Bau der Münchner Trinkwasserversorgung vom Mangfalltal in die Stadt, einer technischen Meisterleistung, ein würdiges Denkmal. Die riesigen Skulpturen sind Allegorien auf die einerseits förderliche, andererseits zerstörerische Kraft des Wassers.

Synthia Demetriou und Tobias Röckl sind Profis, wenn es ums Vermitteln von Münchner und bayerischer Geschichte und Geschichten, Kultur und Kulinarik geht. Hautnah kann man die beiden bei einer Stadtführung oder kulinarischen Tour ihrer Agentur Ludwig & Lola® Stadtführungen in München erleben. **www.ludwigundlola.de**

Die Food- und People-Fotografinnen Sabine Mader und Ulrike Schmid sind die Augen hinter Fotos mit Geschmack. Mit ihrem Studio in München sind sie der Stadt, ihrer Vielfalt und ihrer Schönheit seit langem verbunden. **www.fotos-mitgeschmack.de**

Liebe Leserin, lieber Leser,

hat euch dieses Buch gefallen? Dann freuen wir uns über eure Weiterempfehlung! Wollt ihr weitere Informationen zum Thema? Möchtet ihr mit der Autorin und dem Autor in Kontakt treten?
Wir freuen uns auf Austausch und Anregung unter **leserstimme@styriabooks.at**

Inspiration, Geschenkideen und gute Geschichten findet ihr auf **www.styriabooks.at**

in der Verlagsgruppe Styria GmbH & Co KG
Wien – Graz

ISBN 978-3-7088-0828-4

Texte: Synthia Demetriou, Tobias Röckl, Ludwig & Lola® Stadtführungen in München
Covergestaltung: Bureau A/O,
Anna Haerdtl & Barbara Reiter
Layout: Bureau A/O,
Anna Haerdtl, Barbara Reiter & Silvia Fuchs
Fotos: Sabine Mader, Ulrike Schmid, Fotos mit Geschmack; außer auf den Seiten 15, 50 unten, 64, 83, 90, 122, 125, 160, 164/165, 189 (Tobias Röckl) und den Seiten 5, 6 und 208 (Erik Mosoni)
Illustrationen: Ish Galizdo
Datengrundlage Karten:
OpenStreetMap, © OpenStreetMap-Mitwirkende (www.openstreetmap.org)
Höhendaten: Digitales Geländemodell (DGM1) – bearbeitet, Bayerische Vermessungsverwaltung – www.geodaten.bayern.de, Lizenz CC BY 4.0
Kartengestaltung: Gernot Hollinger
Projektleitung: Ilka Grunenberg

Druck und Bindung: DZS Grafik, d.o.o.
Printed in the EU
7 6 5 4 3 2 1

Mit GPX einfach 10.000 Schritte gehen

Die GPX-Tracks aller Touren findet ihr zum Download auf unserer Homepage.

Über den QR-Code gelangt ihr direkt dorthin. Alternativ könnt ihr die Daten auch über folgenden Link herunterladen:

https://www.styriabooks.at/10000-schritte-in-muenchen

In beiden Fällen lautet das Passwort: vrHWE1e7Z7y

Wählt eine Tour aus und ladet die Daten direkt auf euer Smartphone. Dazu benötigt ihr eine entsprechende App. Jede moderne Wander-App kann GPX-Daten importieren, wir haben gute Erfahrungen mit GPX viewer, OsmAnd Maps, Komoot und bergfex Touren gemacht.

Wir wünschen euch viel Spaß beim Nachgehen der Touren,

Euer Kneipp Verlag